# 学校的挑战

## 创建学习共同体

佐藤学◎著　钟启泉◎译

华东师范大学出版社

GAKKO NO CHOSEN-MANABI NO KYODOTAI WO TSUKURU
by Manabu SATO

Original Japanese edition published by SHOGAKUKAN.
Chinese translation rights in China (excluding Hong Kong, Macao and Taiwan) arranged with SHOGAKUKAN
through Shanghai Viz Communication Inc.

上海市版权局著作权合同登记 图字:09-2010-354号

# 目录

中文版序 / 1
绪论　改革的愿景 / 1

第一部　“合作学习”——课堂的风景 / 7

1. 变化的课堂 / 9
2. 亚洲扩展中的“学习共同体” / 12
3. “合作学习”的奇妙 / 15
4. 作为互惠学习的“合作学习” / 18
5. 从“同步教学”走向“合作学习” / 20
6. “合作学习”的意义 / 23
7. 教学模式的转型 / 26
8. 走向挑战性学习 / 29
9. 成功的秘诀 / 33
10. 小学低年级的“合作学习” / 36
11. 克服低学力的“合作学习” / 39
12. 构筑信赖与合作的关系 / 42

第二部　“学习共同体”的创造——学校改革的案例报告 / 45

13. 学校改革的传统与现实 / 47
福岛县郡山市立金透小学(之一)

14. 创造“共同学习的教学” / 53
福岛县郡山市立金透小学(之二)
15. 初中创建“学校共同体”的挑战 / 58
静冈县富士市立岳阳初中(之一)
16. 从课堂改革走向学校改革 / 64
静冈县富士市立岳阳初中(之二)
17. 改革在宁静地萌动 / 70
大分县别府市立青山小学(之一)
18. 低年级的上课原则 / 76
大分县别府市立青山小学(之二)
19. 小岛的“学习共同体” / 82
广岛县尾道市立百岛幼儿园·中小学
20. 从教学创造到学校改革 / 87
静冈县热海市立多贺初中
21. “合作学习”的教学创造 / 93
大阪市东大阪市立小阪小学
22. 教师“合作学习”学校的建设 / 98
兵库县高砂市立北滨小学
23. 从“人人安心学习”的课堂创造到“冲刺与挑战”的学习 / 103
东京都练马区立丰玉南小学
24. 全镇“学习共同体”的创建 / 108
长野县北佐久郡望月町
25. 坚持螺旋式上升的改革 / 114
神奈川县茅崎市滨之乡小学(之一)
26. 年轻教师成长的学校 / 119
神奈川县茅崎市滨之乡小学(之二)
27. “合作学习”的导入 / 125
大阪府高槻市立第八初中
28. 跨越国境的“学习共同体” / 131
中国、韩国
29. 校际互动 / 136
大阪府茨木市丰川中学校区

30. 以学习为中心的学校改革的开端 / 141
富山县富山市立奥田小学
31. 尊重教师个性与多样性的合作研究 / 147
福冈县直方市立直方东小学
32. 持之以恒的改革 / 153
爱知县安城市立安城西初中
33. 第一等的学生 / 158
长野县立望月高中

第三部 对校本研修的建言 / 163

34. 构筑“同僚性”的校本研修 / 165
内发的改革
35. 作为学习专家的教师 / 170
基于“同僚性”的协作与成长

附　录 学校改革实践中若干基本概念的辨析 / 177

36. “学力神话”的破灭 / 179
叩问“学力”(之一)
37. 如何克服“基础学力”的复古主义 / 185
叩问“学力”(之二)
38. “分层教学”落后于时代 / 191
“分层教学”批判(之一)
39. “分层教学”有效吗 / 196
“分层教学”批判(之二)
40. “综合学习”的可能性与危险性 / 204
41. 高中教学研究的课题 / 208

结语　走向“和而不同”的学习共同体 / 214
译后记　一部“课堂革命”的教科书 / 217

# 中文版序

自己的作品不仅在国内而且在国外受到万千读者的青睐，那是莫大的幸运。《学校的挑战》就是际遇这种幸运的一本书。本书在日本问世之后博得了众多教师的关注与好评，几年之后的今日又被译成中文版出版，近期还准备翻译、出版西班牙语版和韩语版。本书真是福星高照，得以在数个国度广泛流传。作为作者的我，自然感到无比喜悦。

无论是日本抑或中国的教育都处于历史性的转折期。人们从种种不同的立场议论多样的改革方案并付诸实施，中小学教育的现场陷入了混乱的漩涡之中。迷惘的教师、儿童和家长们一直在探索着：究竟该相信什么、该改革什么、该如何改革，才能构筑更幸福的社会、创造更幸福的学校生活、为儿童准备更幸福的未来。本书之所以能够博得教师和公众的广泛好评，或许就是因为它为读者共同探求这些问题、开辟未来教育的希望，准备了对话的平台。

本书成稿之际的日本教育改革乱象环生：在政府推进新自由主义政策（这是一种谋求小政府、大社会，旨在以市场竞争——把学校教育这一公共事业置于私人自由的基础之上——来调控社会的政治意识形态）的支配下，中小学教育处于危机层层加剧、反省节节高涨的状态。在学校现场，能力主义与竞争主义、基于数值目标的评价与管理、教育机会不均等、学力的层级落差扩大等事态不断蔓延；在政策层面，则进一步强化了应试主义教育、竞争主义学习环境、管理主义学校经营，从而招致了教师的疲惫和儿童的厌学，家长和公众也丧失了对于学校的信赖。

针对这一危机，本书提出了把 21 世纪的学校作为“学习共同体”来重建的愿景、哲学与方略，同时，列举了“学习共同体”改革的典型案例，具体地梳理了大约二十所日本中小学的挑战。危机的时代也是变革的时代。在这个转折期，保障每一个儿童的学习权，保障每一个教师作为教育家的成长，重新恢复大多数家长和公众对学校改革的合作与信赖——创造这样的学校，绝不是不可能的。本书自出版以来，在日本国内揭橥"学习共同体"的学校扩大至二千所小学和一千所初中，这个数字占了公立中小学的十分之一。如今，这种草根式的改革已是波澜壮阔，日本的高中也卷入了巨大的改革浪潮之中。

中国以及东亚国家（地区）的情形也是同样。中国和日本同样走过了"东亚型教育"的发展历程，在当今全球化时代面临着共同的危机与困惑。如果说本书对中国的广大读者能够有所贡献的话，那就在于以日本的经验为借镜，照见了这种危机与困惑之所在；同时也作为亲和的纽带，提示了为了日本儿童与日本教师的幸福而日夜苦斗的日本中小学教师的改革实践。近十年来，我以上海、北京、西安为中心，多次前往中国，同数千名中国的教师面对面地接触，真切地感受到他们也在热心地寻求着创建"学习共同体"的学校改革，同日本一样，这种改革在中国也在急速地成长。特别是2006年本人应邀在北京的人民大会堂发表演讲以来，中国各地的教育学者与中小学教师共同推进"学习共同体"的学校改革的合作关系得以强化。本书倡导的创建"学习共同体"的改革，作为主导整个东亚的学校建设的21世纪的哲学，正以势如破竹之势迅即普及。我自信，在这股改革激流中，本书中文版的翻译与出版的意义是非同小可的。

在这篇序言中，我要对付出了翻译辛劳的钟启泉教授表达衷心的谢意。幸运的是，我早在三十年前就同当时逗留日本的钟教授建立了亲密无间的关系。近三十年来，钟教授把我的大量论著翻译、介绍给中国的广大读者。这种深情厚意和令人尊崇的功劳，非笔墨和言词所能形容。同钟教授此前翻译的《课程与教师》、《学习的快乐》（均为教育科学出版社版）一样，期待着本书也能在中国的教育界获得广大的读者。我还要对承担本书出版的华东师范大学出版社的诸位编辑表示感谢。钟教授卓越的教育学见识、坚信未来的强韧意志和灵动的思考，一直是我本人从事教育研究的一种激励。就我自身而言，本书中文版的出版是双重幸运——同超越国境的好读者一道聚会的幸运，同超越国境的好朋友一道合作的幸运——的产物。谢谢。

佐藤学

2010年5月20日

# 绪论　改革的愿景

## 一、改革的前提

以“学习共同体”为愿景的学校改革正在日本各地推展。我于 2005 年 12 月造访的广岛市祇园东初中(校长北川威子)就是其中之一。北川校长几年前就几度走访静冈县富士市的岳阳初中,学习该校的改革经验。从 2004 年开始,她在全校所有班级引进“活动式、合作式、表现式学习”,着手“学习共同体”的创建。我造访祇园东初中是在该校举办第一次公开研讨会的那天,通过参观,我得以领略刚刚诞生的作为“学习共同体”的基地学校的面貌。那是一个由广岛市教育委员会的冈本茂信主任为首,囊括了市内三分之一中学(初中)校长在内的三百名教师组成的“学习共同体”。

当我往来于祇园东初中的每一间教室的时候,不由得想起了五年前参观富士市岳阳初中的情景。当时,该校成功实现了创建“学习共同体”的学校改革,在任何一间教室的每一个学生身上都体现出基于对话式沟通的“合作学习”。“成功了!”——这就是真真切切的第一印象。那时的我终于松了一口气,全身瘫软,两腿颤抖了好几个小时。想当初,创建“学习共同体”的学校改革的哲学与愿景,是神奈川县茅崎市滨之乡小学倡导的,全日本千所以上的小学都向“滨之乡模式”的改革发起挑战。不过,在“改革最艰难”的中学创建“学习共同体”的学校改革能够这么快速地获得成功,是我未曾想到的。按照我的预想,岳阳初中的改革会逐年得到教师们的认可。几年后,日本各地大约有三百所中学加入岳阳模式的学校改革。祇园东初中也是其中之一。

让我们来考察一下创建“学习共同体”的改革哲学。所谓的“优质学校”是怎样的学校呢?学校改革的目的何在?是否仅仅是比别的学校更能“上好课”而已?当然不是!学校和教师的责任并不在于“上好课”,而在于:实现每一个学生的学习权,给学生提供挑战高水准学习的机会。遗憾的是这种学校简直是凤毛麟角。随着年级的提升,学生们越来越逃离学习、逃离读书。这并不是由于教师不够努力使然。教师的工作时间每周超过了五十课时，已经是疲于奔命了。那么，为什么我们的中小学还不能实现学生的学习权呢？——这个问题已在我的脑海里盘旋了二十多年。

学校未能实现每一个学生的学习权的第一个原因，是谁也没有承担起这种责任。教育活动应当从“承担”起步。然而，谁应当承担起实现每一个学生的学习权的责任呢？班主任教师承担着一部分责任，但不是责任的中心所在。在学校，实现每一个学生学习权的责任中心是校长。正因为如此，欧美国家的小学学生数一般控制在一百五十人以下。日本的学校规模比之欧美国家要大，是因为校长没有承担实现学生的学习权的责任。除了校长之外，承担这个责任的应当是谁呢？是班主任吗？应该不是。倘若要实现每一个学生的学习权，单靠教师的个人努力是不可能的。无论是小学还是初中，倘若缺乏年级的教师集体基于同僚性的相互合作，那么没有人能够承担这种责任。

学校改革未能实现上述目的的第二个原因，是想单靠教师来实现改革。即便是再出色的教师，也不可能仅凭一己之力实现每一个学生的学习权。倘若每一个学生没有成为“主角”，没有构筑“合作学习”的关系并同教师合作推进改革，那么，学校改革的目的是不可能实现的。尽管如此，以往的学校改革是把学生当作教育变革的对象（客体），忽视了学生作为改革“主角”的作用与责任。然而，学生是最值得信赖的改革伙伴，他们往往会先于教师在课堂里构筑“合作学习”的关系，发挥着他们支撑教师课堂改革的作用。迄今为止，我曾协助过将近两百所学校的改革，从未遇到学生搅局的情况。倘若能够保障他们课堂“合作学习”的机会，那么，他们就能比教师更快地领悟改革的愿景，就能领先于教师，发挥改革领头羊的作用。

### 二、改革的愿景

祇园东初中（学生数四百六十五名）确实迈出了创建“学习共同体”的第一步。参观这里的每一间教室，都可以看到为平稳的倾听关系所支撑的每一个学生真诚的学习状态。我把这种状态视为学校改革的第一阶段。一旦进入这个阶段，违纪行为和校内暴力几乎绝迹，旷课的学生数也急剧下降。由于低学力学生的“补课”，其学力也开始出现提升的征兆。教师的教学水平并没有提高，但在学生的“合作学习”关系的支撑下，每间课堂都能维持正常的水准。要构筑这种状态，就得积累五十余次详尽记录课堂合作教学的课例研究。在这种背景下，校内培育教育专家的“同僚性”构筑起来了，实现“冲刺与挑战学习”的课堂开始了。我想，祇园东初中正好跨入了改革的这一阶段。

创建“学习共同体”也是学校改革的哲学。这种哲学是由三个原理——“公共性”、“民主主义”与“卓越性”——组成的。“公共性”原理意味着，学校是各种各样的人共同学习的公共空间；是为了实现所有儿童的学习权、建设民主主义社会的公共使命而组织起来的。

“公共性”原理是由“民主主义”原理所支撑的。这里所谓的“民主主义”既不是政治性的制度，也不是多数决定的原理。它意味着杜威(J. Dewey)所说的“各种各样的人协同的生存方式”(a way of associated living)。公共教育的学校的使命就在于实现民主主义社会，学校本身必须是借助“民主主义”构成的社会。因此，学校必须成为个性交响的场所。在这种学校里，学生、教师、校长、家长，每一个人都是“主角”(protagonist)；每一个人的学习权和尊严都应受到尊重；各种各样的思考方式与生活方式都应受到尊重。

同时，学校必须是追求“卓越性”(excellence)的场所。无论是教师的“教”还是学生的“学”都必须是卓越的。这里所谓的“卓越性”并不是指谁比谁优越，而是指无论何等困难的条件下都能各尽所能追求最高境界。同艺术与学术一样，教与学也是创造性的实践。只要受到不断地追求至高境界的“卓越性”的支撑，就一定能够带来丰硕的成果，获得辛劳换来的快乐。在教与学中，万万不能降下“卓越性”的旗帜。

上述三个原理构成了创建“学习共同体”的哲学基础。“公共性”原理要求：倾听他人的声音，向他人敞开心胸。这是对他人的宽容精神和尊重多样性的精神。“民主主义”原理要求：学生、教师、校长、家长结成平等关系，每一个人都是学校的“主角”，实现各自的权利，承担各自的责任。“卓越性”原理要求：追求至高的境界。对于教师而言，是高举三面旗帜——尊重每一个学生的尊严；尊重教材的发展性；尊重自己的教育哲学。对于学生而言，是“冲刺与挑战学习”。这决不是乌托邦的梦呓。您只要读一读本书的各个案例就会明白，把学校建设成为由三个原理——“公共性”、“民主主义”和“卓越性”——所支撑的“学习共同体”，决不是空想。实现每一个学生的学习权，创建培养所有教师成为专家的学校，不是不可能的。

## 三、活动系统的设计

创建每一个学生的学习权得以实现的学校决非梦想。在考察岳阳初中的最初的印象里，北川威子就是这么确信的。每一个教师作为教学的专家成长起来，充满教师职业的荣耀与生命价值——创建这样的学校，也决非梦想。

以北川校长为首的广岛县的教师们，在教育改革的混乱与迷茫之中度过了将近十年的艰难教学生涯，惨痛事件迭出：新设综合学科的高中改革与升学考试的混乱、国旗国歌的强制与校长的自杀、民间校长的录用与自杀等等，可以说是接二连三的过度改革的牺牲品。北川校长说，祇园东初中创建"学习共同体"的改革是旨在"恢复教师的尊严"。

创建"学习共同体"的学校改革，不是特定的意识形态、运动或指南，而是借助谁都可以发起挑战的"活动系统"构成的。"学习共同体"的"活动系统"是通过学生、教师、校长、家长及公众的参与和实践展开，自然而然地分享了学校改革的愿景，领悟了"公共性"、"民主主义"和"卓越性"的哲学，从而一道掌握学习和关爱的伦理与技术。其概要归纳如下：

1. 在课堂里追求"活动式、合作式、反思式学习"。所谓"学习"是同客观世界对话（文化性实践）、同他人对话（社会性实践）、同自我对话（反思性实践）三位一体的活动。其基础就是基于柔和的声音与身体的交往；基于"倾听关系"的对话性沟通。具体的做法是，所有的教学（小学3年级以上）由男女生四人组成的小组展开合作学习。

2. 以"学习"作为学校生活的中心，废除一切学习所不需要的东西。

3. 小学克服教室之间的隔阂，初中克服学科之间的隔阂，年级的教师集体努力实现每一个学生的学习权。

4. 把课例研究设定为学校的核心工作。所有教师至少要给同僚上一次公开课。课例研究包括如下环节：观摩一堂课（运用课堂录像）；组织二小时的讨论；以学年而非学科为单位的研修（每周或隔周）；全员参与的校本研修。为确保课例研究的充分时间，校务分工、委员会会议和其他杂务尽可能缩减。

5. 在课例研究中，研讨日常的教学，重视课后的研究甚于课前的研究。课后的教学研讨会讨论的中心问题，与其说是上课的优劣、提问的技巧和教材的钻研，不如说是基于课堂的事实，议论学生在何处是顺利的，何处有障碍。观摩者不是对执教者提出建议，而是围绕一个中心课题——从教学的实践中学到了什么——展开讨论。

6. 废除"观摩教学"的方式，改为家长协助教师参与课堂实践的"参与学习"方式。

这种"活动系统"是借助我的经验与我粗陋的学术研究——观摩了超过一万个课堂，学习了大体同样数量的教师的工作，协助将近两千所的学校进行改革——积累起来的。这种“活动系统”的是非功过，只能由教师的实践和研究者的批判来检验，不过，我本人并不知道，除了引进这种“活动系统”之外，还有什么别的方法，能够使得学校成为名副其实的学校，能够使得学生的学习活动变得幸福。

我不是学校改革的乐天派，也不是教育的梦想家。我不过是最虔诚的现实主义者罢了。同时，我跟那些“现代人心理的病理”——对于教育与社会的虚无主义与犬儒主义——展开着不懈的斗争。借用一句曾为墨西哥贫穷的印第安裔儿童创办美术学校的北川民次的话来说，“绝望”的言说者，其实是并不绝望的人，绝望的人只言说希望。从这个意义上说，与我同样持续探索教育希望的人，务必走访一下我在本书中介绍的那些学校，您一定可以从中得到无尽的智慧。

我想，我称得上是最透彻地洞察学校改革之艰难的一个人了。在以往十几年间，我亲身经历了一千多所学校改革的失败。变革学校之艰难，建构“合作学习”的课堂之艰难，建构教师之间“同僚性”之艰难，建构家长与教师之间的信赖与协作关系之艰难，建构家长之间的联系之艰难，建构学校与教育委员会之间伙伴关系之艰难，以及建构研究者与教师之间相互学习关系之艰难——我是痛彻心扉的。或许正因为如此，创建“学习共同体”的“活动系统”才受到众多学生的支持，才激发了众多的校长和教师富于创意的挑战。本书介绍的一所所学校的挑战就是鲜明的例证。在那里，寄托着我们对学校未来的希望。

## 第一部

# “合作学习”——课堂的风景

# 1

## 变化的课堂

课堂在静悄悄地发生变化。课桌椅面向黑板和讲台排成行列，教师以教科书为中心，使用黑板和粉笔进行讲解，教师提问学生作答——这就是我们习以为常的课堂的风景。这种课堂风景在欧美各国正在进入博物馆。如今，黑板和讲台在课堂里消失了，课桌椅改为四至五人用的大小，教科书变成配角，各种各样的资料充实起来。教师的作用正在向学习的设计者与主持者转变。

这种变化从 20 世纪 70 年代开始，正以世界规模缓缓地推进。尽管没有倡导者，各国却都在不约而同地推进着“宁静的革命”(silent revolution)。在 21 世纪的今日，可以说，课堂的变化已是不可逆转了。追根溯源，这种课堂的变化乃是 20 世纪初以来新教育运动的延续，并且由于 20 世纪 70 年代以来开放学校运动中新教育运动的复活而获得全球性的普及。不过，当今的课堂变化，即便在新教育运动的改革意识并不存在的地方也得到广泛渗透。

众所周知，所谓“同步教学”模式是以产业革命社会的大工业效率主义为基础形成的。从这种历史渊源看来，当今课堂的变化表明了崭新的社会背景——产业社会的终结与新型社会的勃兴。“同步教学”的时代业已终结。

我注意到课堂变化的这一“宁静的革命”是在大约十五年前。在这段期间，我考察过美国的中小学，亲眼目睹开创新教育运动谱系的学校里，崭新的课堂风景正在得到普及，新的学习正在问世。不过，在考察了加拿大的几所中小学，观察了这些学校的课堂实践之后，我最终确信这种新的课堂风景中的新的学习方式在不久的将来会成为世界上所有课堂的典范。早在十五年前，席卷当今全球课堂的“宁静的革命”就在加拿大的几乎所有学校里习以为常了。

在加拿大发生的这种惊人的课堂变化，美国是毋庸置疑的，即便在拉美各国和欧洲也在不到十年间得到了承认。“宁静的革命”是作为“世界革命”展开的。近年来，我越来越确信这一点。例如，法国是欧洲国家中教学风格最为传统的一个国家，这是众所周知的。但即便在这个国家也在千真万确地发生着从“同步教学”向“合作教学”的演进。此外，最近在“国际学生评估项目”(PISA)测试中取得突出成绩、以高水准教育著称的芬兰，也同法国一样，教学方式原本是以传统著称的。但如今这个芬兰也在倡导以“设计”为中心的课程，“合作教学”迅猛渗透。可以说，正因为如此，才使得芬兰的教育成果达到高度的学力水准。

就这样，“宁静的革命”席卷整个世界。据我所知，近二十年间，世界各国的学校中仍然固步自封于“同步教学”的，只剩下地球上一角的东亚国家和地区[中国(包括台湾与香港)、朝鲜、韩国、日本、新加坡]与发展中国家了，若干论文和专著也是这么叙述的。不过，从去年开始，我觉得这种认识需要修正了。因为，按照我的推想，东亚国家和地区的课堂“宁静的革命”，日本是率先进行的，其他国家课堂里的“宁静的革命”不过是步日本的后尘而已。然而，现在却发生了跟这种推想相反的形势。

例如，最近在“国际教育评价协会”(IEA)[①]的国际学力调查中取得突出成绩的新加坡，从几年前就开始作为国策引进“合作学习”。新加坡原本一直在强力地推行竞争主义的学习，如何平衡这种“竞争”与“合作”是饶有兴味的。新加坡的教育决策者们认识到，“合作学习”是有助于形成21世纪所必须的学力。他们从美国招聘了许多教育学家，积极地引进“合作学习”的课堂教学。韩国也是如此。在首尔，先前平均五十名学生的班级被改为三十名。根据“21世纪的学习是‘合作学习’”的政策，把课堂变为四五名学生组成的学习小组。中国也在进行同样的改革。去年(2005年)考察的上海市中小学，在一节课中会组织几次小组形式的“合作学习”活动。

从“同步教学”向“合作学习”的转换，在新加坡、韩国、中国等这些国家自上而下推行的教育政策的支持下，究竟能否有效地实现，有待日后的验证。但我本人认为，课堂的变化与其借助教育政策推进划一的改革，不如借助教师们自发的、创意的挑战，作为“宁静的革命”加以推进来得有效。而且，这种转换与其急风暴雨式，不如缓缓地精雕细琢来得有效。不过，就这些国家近年来的政策应对来看，即便在囿于“同步教学”方式的东亚国家与地区，在不久的将来也会迅猛普及“合作学习”的。课堂风景将会为之一变，这是毫无疑问的。

**译注**

① “国际教育评价协会”（IEA）的全称为“International Association for the Evaluation of Educational Achievement”，系1958年设立的国际学术研究团体。该协会由代表各国的教育研究机构（教育研究所、大学等）及特别认定的个人会员所构成。IEA在各国不同的文化、社会、经济的背景下进行教育的实证性比较研究，公开研究结果，旨在从比较教育学的角度揭示各国的教育条件与学业成就之间的关系。此前业已进行了多次各种学科的国际规模的教育调查，诸如国际数学教育调查、国际理科教育调查。此外还主办教育研究、教育评价、课程开发等各种研讨会，为各国教育研究者提供研修。

2

## 亚洲扩展中的“学习共同体”

“合作学习”正从欧美各国扩展到亚洲各国。当我着手写本稿时，国际合作机构(JICA)的斋藤英介给我发来信函与照片，介绍印度尼西亚中小学创建“学习共同体”的实践情况。斋藤两年前在印度尼西亚着手创建“学习共同体”。不少教育局长和教育行政官员、大学教育研究者和中小学教师前后三次来访日本，他们在我的研究室里听了我的演讲之后，造访了日本各地的中小学，学习创建“学习共同体”改革的经验。特别是茅崎市滨之乡小学和富士市岳阳中学的“学习共同体”的实践给了这些造访者以强烈的冲击。这样，在印度尼西亚各地，学校改革的挑战开始了。

这次收到的课堂现场的照片，反映了他们以伦邦第一高中的数学课和马兰国立大学附属高中的生物课为中心的公开教学研讨会的情形。这些照片生动地体现了学生之间和谐的“合作学习”关系，其中很大部分展现了学生聚精会神与兴趣盎然地学习的情形。显然，这是得益于斋藤的协助与建言的结果。尽管如此，在刚刚着手改革的学校里能够产生如此的心心相印的学习的合作，是难能可贵的。7 月在印度尼西亚各地将展开为期三周的“学习共同体”研讨会，岳阳中学原校长佐藤雅彰准备亲赴印尼，造访这些学校，为他们建言献策。

2005 年 1 月，以韩国釜山大学为中心的教育研究者、校长和教师组织访问团，造访了创建“学习共同体”的滨之乡小学和岳阳中学。2004 年 11 月，釜山大学设立教育研究所，旨在推进创建“学习共同体”的国家项目。我应邀出席了该所的创办仪式，为济济一堂的教育学者和中小学教师作了关于日本创建“学习共同体”改革的进展及其理论的演讲。韩国“学习共同体”的创建，由于 2003 年我的《教育改革的设计》(岩波书店)一书的翻译、出版而一举加速。该书出版后不久,就列入教育部的推荐图书以及教育工会的推荐图书,作为教育改革的指南得到广泛使用。

参加2005年1月访问团的教育研究者和中小学教师几乎都是着手"学习共同体"改革实践的人们。百闻不如一见。他们造访的两所学校师生的面貌鲜明地体现了改革的愿景,以校本研修为基础的经验交流印证了改革所必须的实践哲学。

在中国,诉求创建"学习共同体"的学校改革正在推进之中。2004年10月,我如愿以偿地访问了中国,得以同推进"学习共同体"的众多教育研究者和中小学教师展开交流。以华东师范大学为中心的教育研究者在近十年前就已经译介了我倡导的"学习共同体"的学校改革的构想。在我访问之前,大量的论著被译成中文出版。日本世织书房的《课程论评》、《教师的难题:走向反思性实践》和小学馆的《变革课堂,学校改变》,分别译成中文版的《课程与教师》(钟启泉译,教育科学出版社2003年版)和《静悄悄的革命》(李季湄译,长春出版社2003年版)在中国发行,成为教育书籍的畅销书。作为访问纪念新出的《学习的快乐:走向对话》(世织书房)也被翻译、出版了(钟启泉译,教育科学出版社2004年版)。如此高度的关注着实令我惶恐。不过,可以说明一点的是,中国与日本的学校改革拥有诸多共同的课题。

这次访问是受上海华东师范大学课程与教学研究所的邀请成行的。所长钟启泉教授多年来一直翻译和介绍我的研究与实践,他也是中国学校改革的核心指导者。另一位邀请者是北京中央教育科学研究所朱小蔓所长,她是我的作品的热心读者之一。中央教育科学研究所是中国教育学研究的中心,经由它的出版部门——教育科学出版社翻译、出版我的作品,是荣耀也是幸运。无论是在上海的演讲会还是北京的演讲会上,令我惊异的是,许多与会者正在推进创建"学习共同体"的改革。

坦率地说,我由于一直以日本和美国为基地从事学校改革的研究,对于亚洲各国的学校改革几乎茫然无知。近年来,我的研究基点扩大至欧洲各国,但万万没有想到也能同亚洲各国发生如此密切的联系。尽管在亚洲各国翻译、出版了我大量的论著,但我想象中认为读者群应是在日本或欧美,从没有想到拥有亚洲各国的读者。我的认识被自己的成见——亚洲各国的"后进性"——所束缚了,这是我应该好好反省的。

亚洲各国的教育改革风起云涌,其速度超越了日本。以往被中央集权的控制和以应试竞争为象征的竞争主义教育阻碍了改革的亚洲各国,如今迎来了新的改革的季节。尽管这种改革由于全球主义、民族主义和市场万能主义的作祟而在混乱与迷茫之中徘徊，但只要有了民主主义发展的底流，“宁静的革命”就一定能够在学校与课堂之中展开，实现“合作学习”的学校改革就一定能够发芽和发展。日本的学校改革也一定会同亚洲各国的“宁静的革命”处于同样的地平线上，向前推进。

# 3

## “合作学习”的奇妙

### 一、学习的风景

介绍一下“合作学习”的一个镜头。几年前，我造访了神奈川县川崎市的南营中学。当时，该校以马场英显校长为首，正在致力于推行“创建学习共同体”的学校改革。在观摩该校一年级的英语课时，体会到了可以说是“合作学习”之精髓。

在课堂里有一个沉默寡言的男生高志(匿名)。高志唯一的朋友是坐在一起的正人。一位青年教师为了试验小组学习的方式而组织男女混合的四人小组，把他拉到前面的一个小组。高志向正人递送委屈的眼神，但正人被安排在别的小组里了，无可奈何。这位青年教师或许是有意让他们分开的吧，不过，凭现场的观察来说，这一安排是不露痕迹的。无论高志极度焦虑的表情还是他向正人求救的神态，这位教师似乎都没有注意。

在高志所在的四人小组里有三个女生，男生只有高志一个。在这三个女生当中有一个班级里英语最差的幸子，在第三学期将近结束时连人称名词、be动词也未搞清楚。此时她就坐在高志的旁边，准备代替正人来关照高志。

这堂课的题材是现在进行时的一问一答的情境对话练习。教师出示一张运动员的照片，看了照片之后，一个人问道：“What is he (she) doing?”另一个人回答：“He is playing tennis.”幸子总想关照高志，但由于关键的词汇一窍不通，就向同组的其他两人——由美和雅惠——反反复复询问:“哎,老师说的什么?”“哎呀,那不是从事柔道的小柔道的照片嘛。柔道,英语怎么说?”“playing,什么意思?”“he,什么意思?男人?如果是这样,女人的场合怎么说?”“they是什么意思?如果是they,为什么不是is?”幸子倘若不询问由美与雅惠,是没法应对高志的。

看到幸子慌慌张张的样子,高志僵硬的表情里露出一丝微笑。高志沉默寡言,从不跟他人搭话,但英语考试的成绩总是优秀。在高志的眼神里,期待得到自己的帮助而拼命询问由美和雅惠的幸子的样子,或许是令人快活而可笑的吧。在看了乒乓球员小爱子的照片之后,幸子终于毅然地询问高志道:“What is she doing?”高志轻声细语地回应道:“She is playing table tennis.”

## 二、弱者的互相扶持

高志轻声细语地回应幸子的情形,无论是上课的老师还是听课的老师都没有察觉,却正巧被正在听课的我发现了。尽管随着听课的进展,会常常碰到戏剧性的场面,但如此精彩的场面却是不可多得的。我分明看到了高志轻声细语地回应幸子,幸子则笑容可掬地作答的情景。这样,幸子越来越着迷了。为了挑战下一个回合,她仍然接二连三地向由美和雅惠发问:“喂,老师现在说的‘疑问词’,疑问词是什么?”“喂,‘what’是什么意思?”“还有哪些别的疑问词?”“那么多,认一遍可记不住!”

高志满面笑容地看着幸子。“喂,高志!稍微停停。我完全没有弄明白,我先把明白的部分归纳一下记下来,稍微等我一下。”——幸子这样向高志说着,在空白的笔记本的扉页上写下了“I am, You are, He is, She is, We are, You are, They are”,然后问高志道:“喂、喂,这些都对吗?”高志大声地“嗯”了一声,点点头。得到了确认的幸子接着又在第二页上用平假名写上“ぎもんし”。又问:“喂,由美,‘ぎもんし’的汉字怎么写?”然后,把“ぎもんし”改写成了汉字——“疑问词”。最后,在三个汉字下面写上“what, where, when, who, how”,一边嘴里叽叽喳喳道,“哇,哪个都得从头来,可不行”,一边写出其含义。

我碰到奇迹了。幸子在这堂英语课之前,不,在小组学习开始之前,都是一个学力极度低下的学生。不消说不懂这堂课的主题——现在进行时,甚至连人称名词、人称名词与be动词之间的关系,以及疑问词,统统都不理解。然而就是这个幸子,现在居然能够理解所有这些内容，并且能够把自己的理解归纳起来，记在自己的笔记本上了。我尽管会碰到一些原本一败涂地的学生为之一变的面貌，但像幸子这样面貌焕然一新的情景是绝无仅有的。这是领悟“合作学习”之精髓的绝妙情景。我想，课堂的这种戏剧性事件还将进一步演绎下去。

# 4

## 作为互惠学习的“合作学习”

### 一、互惠学习

把人称名词、be动词与疑问词归纳起来写在双联页的笔记本上的幸子，向高志说：“等一等，谢谢。这就好了。嗨，高志，开始吧。”她一只手拿着笔记本，在新的作文中用现在进行时的疑问词造句，并不时询问高志。高志对于幸子的学习劲头惊叹不已。每当幸子造句、向高志问话的时候，他就会“嗯，嗯”，频频点头，拼命地给她打气说：“对的，符合英语语法。”或许是这个缘故吧，高志的轻声细语，不仅是幸子，即便离课桌椅几米远听课的我，也听得清清楚楚。

面对幸子与高志相互学习的姿态，谁会以为高志是一个缄默不语，多年来从不开口的学生呢！又有谁会以为幸子是一个英语程度极差，就在30分钟之前，连人称名词和be动词如何对应也不懂的学生呢！面对这个可以说是奇迹事件的连续，我不由得惊叹不已。

我发现，眼前发生的高志和幸子相互学习的事迹，不是强强联手，而是弱弱相帮，更令我感动不已。所以，“合作学习”可以称之为“互惠学习”（reciprocal learning）。确实，所谓“互惠关系”是说高志和幸子之间发生的事情。

幸子之所以这么着迷于英语，是因为她期待能够以自己的力量来支撑有着沉默寡言弱点的高志；高志之所以轻声细语地回应幸子的问话，是因为他想回报幸子对自己的一番好意。不仅如此。高志一片真诚地回应幸子的问话，是因为看到幸子的英语程度实在差劲,期望自己能够实实在在地帮她一把。这种彼此之间好意交换的“互惠关系”,造就了这两个人的“合作学习”。

## 二、互帮互学的关系

幸子一举地改变学力落后的事实,一定会使许多人惊异。不过,只要你观察一下课堂就会发现,这个事实本身是司空见惯的。在许多教师看来,学力低下的学生是一点一滴地慢慢提高的。然而,低学力儿童的进步,往往就像幸子的案例那样,是一举地改变的。为什么能够“一蹴而就”呢?这是因为,幸子确实有许多不懂的地方,但毕竟在以往的教学中获得了不少经验,这些片断的经验在小组学习中被串联起来了。这也是“合作学习”的一种可能性。“合作学习”也保障了学力低下学生参与的机会,通过这种参与,保障了丰富有意义的经验的机会。即便一时不理解,有意义经验的积累也为来日参与挑战准备好了机会。我再重复一遍:学力低下的学生并不是一点一滴地转变的,而是跳跃式地一举成功的。而“合作学习”为这种机会提供了丰富的准备。

在高志和幸子互帮互学中产生出来的“奇迹”当然是一件好事,但还有一点也是重要的:由于在这个小组里其他两名学生——由美和雅惠——的若无其事的支持,才促成了“合作学习”。“互教关系”可以说是“多管闲事”般极其不自然的关系,而“互帮互学关系”是“若无其事的优势”结成的关系。乍看起来,似乎由美和雅惠是一对,高志和幸子则是各自学习,其实,在关键的关头,这两个人确实扮演了支持高志和幸子的角色。幸子在询问英语的一个一个单词的意义时,这两个人安静地倾听,并为支持幸子的学习提供了帮助。高志轻声细语地回应幸子问话的时候,她们虽然感到很惊讶,却若无其事地说道:“厉害!幸子不是蛮行的吗?”用赞扬幸子的话语来表达感动,同时也激励了高志。在这个小组中的由美和雅惠,乍看起来是采取了有别于高志和幸子互帮互学的行动,实际上,不如说是支持以高志和幸子为中心的互帮互学的活动。可以说,她们的这种若隐若现的行为举止,为这个奇迹的出现,准备了舞台。

上面介绍了在一所初中课堂中我所碰到的“合作学习”的情景,即便在这个场景中也蕴含着教师应当学习的诸多事实。当然,“合作学习”的精髓如此集中地体现出来的案例并不多见,但类似这种案例的课堂,许多教师一定是亲身体验过的。在这些事件中蕴含着“合作学习”的秘密。

# 5

# 从“同步教学”走向“合作学习”

## 一、为什么需要“合作学习”

为什么需要“合作学习”呢？对于这个问题，我的答案有两个。其一，不组织“合作学习”，每一个人的学习就不能成立。其二，要提高每一个人的学习能力，“合作学习”是不可或缺的。所谓“学习”，是同客体（教材）的相遇与对话；是同他人（伙伴与教师）的相遇与对话；也是同自己的相遇与对话。我们通过同他人的合作，同多样的思想的碰撞，实现同客体（教材）的新的相遇与对话，从而产生并雕琢自己的思想。从这个意义上说，学习原本就是合作性的，原本就是基于同他人合作的“冲刺与挑战的学习”。业已懂得、理解的东西即便滚瓜烂熟，也不能称为“学习”。学习是从既知世界出发，探索未知世界之旅；是超越既有经验与能力，形成新的经验与能力的一种挑战。

回顾起来，在日常实施的同步教学中，每一个学生的学习是能够形成的吧。就结论而言，即便教学是形成了，但在课堂中学习得以形成的学生是少数的。为什么？一般说来，课堂中“全懂的学生”占三分之一，“一半懂一半不懂的学生”占三分之一，若问剩下的“懂了吗？”回答是“大体懂了”（或者“懂了吧”），其实是“不懂的学生”，占三分之一。教科书的内容是按照“上、中、下”三层之中的“上”的中等程度来编写的，教师设定的教学也是按照这个程度来组织的。

在这样的同步教学中学习能够形成吗？回答是否定的。学习只能在几个“中层”学生中形成。为什么？这是因为，“上层”学生在教学中多次作出回答，其回答内容都是已知的内容或是能够简单理解的内容。在这里并没有"冲刺与挑战性学习"。"下层"学生在教学的前半段发言的机会较多,在后半段则是默不作声地听。在这里也没有学习的存在。通常,在同步教学中实现的学习,仅仅限于"中层"学生罢了。

## 二、学习是基于合作的"冲刺与挑战"

要在课堂教学中实现每一个学生的真正的学习,该如何组织呢?教学内容首先必须设定在比通常的教学水准更高的层次上,否则,"上层"学生的学习不能形成。同时,倘若不关照到"下层"学生的问题,每一个学生真正的学习也是不可能的。就是说,必须把教学内容的水准设定得高一些,但同时在教学中必须针对最低水准学生的问题加以组织。所谓"以学习为中心的教学",无非就是教师和学生合作,填平比一般水准更高的课堂与班级里最差学生的问题水准之间的鸿沟。克服这个难题的,是基于小组学习的"合作学习"。

## 三、合作的意义

设定高水准的教学内容与保障每一个学生的学习经验的关键在于,指导差生向同学提出"哎,这里该怎么理解?"的问题。倘若这种指导不得力而又想追求高水准的"合作学习",那么,只能是一部分学生形成真正的学习,不懂的学生只能弃之不顾了。反之,倘若一旦有了不理解的地方,随时都能向同学作出"哎,这里该怎么理解?"的提问,那么,无论教师还是学生都一定能够向高水准的教学发起挑战。

然而,越是不懂的学生越会产生这样一种倾向:不寻求同学的帮助,试图凭借自身的能力加以克服,试图凭借自身的努力摆脱困境。因此,他们总是孤立无助、失败、遭遇挫折,最终成为差生。然而,最需要"合作学习"的,恰恰是凭借个人努力却反复遭到挫折与失败的学生,这是令人啼笑皆非的事。就凭这一点可以看出,必须对差生作出如何向同学请教的引导。

正是"合作学习"为所有学生提供了挑战高水准学习的机会。我们必须赋予"合作学习"——作为保障每一个学生"冲刺与挑战的学习"的方式——以地位。要在课堂中追求"冲刺与挑战的学习"的话,就得回到人数少的小组活动中。例如,常常看到在上课的后半段只有三分之一的学生举手和发言,在这种情况下,必须回到小组的"合作学习”。唯有这样，限于一部分学生的学习才能扩展至所有学生，才能借助多样的疑问和意见的交流，发展为“冲刺与挑战的学习”。在同步教学中，即便课堂形成了，也只能是一部分学生形成了“冲刺与挑战的学习”。保障所有学生的挑战性学习，正是“合作学习”的精髓所在。

# 6

## “合作学习”的意义

### 一、互学关系与互教关系

“合作学习”是借助互学关系形成的。重要的不是互教关系，因为它是单向关系，也可以说是“多管闲事”的关系。而互学关系是“若无其事的优势”关系。在互学关系中的沟通是借助“哎，这里该怎么理解？”之类的差生问话形成的。倘若差生不问，优等生是不会主动施教的。不过，一旦差生求援，他们是会真诚地作出回应的。这种“若无其事的优势”结成的互学关系，是有效发展“合作学习”的基础。

然而，一般教师并没有充分认识到互教关系与互学关系的差异，在“合作学习”中往往追求互教关系。在学生作业的过程中，许多教师指示“懂的学生教不懂的学生”。在这种课堂中，“合作学习”是发展不了的。必须改变教师的指令为：“不懂的学生不要老是一个人思考，可以问问邻坐的同学。”

在小组学习中，有的学生往往在询问同学前，“老师，老师”地频频发问。面对这种情形，老师不应当对这个学生直接作出回答，而必须要求其“问问邻坐的同学”，让小组里的同学之间展开互动。必须养成先同邻坐的同学商量，如果解决不了再问老师的习惯。然而，许多教师一旦碰到小组作业中不懂的学生的提问，便马上作答，这样做，只能妨碍“合作学习”的发展。

## 二、“合作学习”同“分组学习”、“集体学习”的差别

“合作学习”既不是以往课堂里广泛普及的“集体学习”，也不是“分组学习”。“合作学习”同“集体学习”与“分组学习”的最大差别就在于，“集体学习”与“分组学习”重视集体或是班组的一致性，而在“合作学习”中学习的主体终究是个人。在小组活动中决不强求一体化，恰恰相反，它追求的是学生的思考与见解的多样性。学习，并不是从同一性中产生的。学习之所以形成，恰恰是在差异之中。

因此，必须注意，为了实现“合作学习”，就不应当沦为“集体学习”或“分组学习”。在小组的“合作学习”指导中，决不追求小组内的思考与见解的一致与统一。不应当像“分组学习”那样来代表小组发言。即便在“合作学习”中只有同样思考和意见的场合，也应当作为个人的意见来发言。应当尊重小组中思考和见解的多样性。

因此，在“合作学习”中还是以不存在领导者为妥。在这一点上，同开展课外活动的生活班组有很大差别。在生活班组中形成团队内的一致性是重要的，领导者的存在可以使得团队活动得以顺利展开。但是，在“合作学习”中是无需领导者的，还是没有为妥。“合作学习”需要的是每一个人的多样学习的相互碰撞，是每一个学生的平等参与。从这个意义上说，在小学的课堂里往往可以看到用生活班组的方式来组织“合作学习”的小组，然而，“合作学习”的小组应当有别于生活班组。通常，生活班组由六人左右组成，决定班长之后展开集体活动，但六人的人数对于“合作学习”来说太多了。“合作学习”的小组最好是由男女生混合的四人组成。倘若是四人的话，谁都不是“客人”，谁都能参与小组的活动。即便是习惯了“合作学习”，倘若是六人组成的小组，也难以确立起平等参与的学习关系。

“合作学习”中的小组，宜采用男女生混合的四人小组形式。倘若四人难以形成互学关系，也可以从三人小组开始。不过，尽管在三人小组中容易使得所有学生平等参与，但难以产生多样的思考与见解。习惯了“合作学习”之后可以变更为四人小组。

倡导男女生混合编组是因为男女生混合容易产生“合作学习”。仅有男生或仅有女生的小组，尽管能够热烈讨论，却难以产生“合作学习”。另外，许多教师鉴于有学生学习困难，因此在小组里配备照料这些同学的学生。我以为，“合作学习”的组织最好是随意编组。许多教师组织时往往会注意不至于使每一个小组里产生差生，但我想，通过抽签来随意编组不会有什么问题。如果有了问题，在一定期间里重行编组就可

以了。

小组的“合作学习”，无论小学、初中、高中的任何学科的教学，都应当可以实施的。不过，在小学低年级却不宜实施。小学低年级教师同每一个学生的密切联系、互帮互学的经验是重要的。其实，小学低年级儿童唯有在同教师产生一对一的亲密关系之后，才可能建立同学之间的关系。小学低年级的“合作学习”首当其冲的是，要充分体验教师和课堂共同体的亲密关系。

7

# 教学模式的转型

## 一、对转型的焦虑

“合作学习”的意义尽管为众多教师所知，但实施“合作学习”的教师却是凤毛麟角。为什么会这样呢？倘若要保障每一个学生的学习权，实施体现每一个学生挑战性学习的教学，那么，在教学中不采取小组学习是不可能的。尽管如此，为什么仍然有很多教师不采用“合作学习”呢？最大的理由恐怕在于，每一个教师的意识都聚焦于“上课”的展开，却未能面向每一个学生的“学习”。“上课”是以实现每一个学生的“学习”为目的的，但教师仅仅关注于“上课”本身，未能直面关键的“学习”。这是本末倒置，因此需要教学观念的根本转变。“上课”是以实现“学习”为目的的，每一个学生“学习”的实现必须成为“上课”的诉求。

尽管如此，仍然存在对“合作学习”三心二意的教师。这种踌躇基于若干理由。其一，一旦实施“合作学习”学生就会流于“闲谈”。其二，更多的教师担心“合作学习”的实施会影响教学的进度。特别是有的教师担心由于“合作学习”而难以控制学生的思考。这些教师习惯于站在讲台上控制整个课堂的同步教学方式，不想改变自己的教学模式。不过，这些对“合作学习”的抵制是否有其合理性呢？

## 二、克服闲谈

有的教师拒绝实施“合作学习”，担心一旦实施了“合作学习”（小组活动），学生就会喋喋不休，闲谈不止。试观察这些教师的教学，教师本身废话太多，几乎都是多嘴多舌。大凡学生喋喋不休的课堂，几乎所有这些班级的教师都是废话连篇、信口开河的。倘若不是这样，教师的话语就难以灌进学生的耳朵，因此课堂上教师单向的自说自话的讲解居多。就是说，实施“合作学习”之后学生闲谈的现象，乃是教师自身的话语不着边际、连篇废话所派生出来的，不是实施“合作学习”的结果。

不过，确实也存在这样的课堂：尽管教师的话语有所选择、也有了同学生之间的对话，但“合作学习”实施之后，学生仍然流于闲谈。试考察一下这种课堂，其课题几乎都过于简单。“合作学习”的意义在于，通过与同学的合作，一个学生能挑战其不能达到的水准。即便布置了业已掌握的课题或是一个人也能够达到的课题，“合作学习”是不能活跃地展开的。实施了“合作学习”却仍然醉心于闲谈的课堂，基本上是原本的教学根本就不是学习的教学。因此，在这种场合，问题不在于“合作学习”的方式和学生的学习态度，而在于这个教师从来就没有在实施学习的教学。

确实，在学生之间只要不产生相互倾听的关系，或许就不可能期望“合作学习”的成果。但是，反过来说，不实施“合作学习”，学生之间的倾听关系与互学关系就难以培育。对于教师而言，重要的是首先从一节课的教学中哪怕是实施几分钟的“合作学习”做起。

## 三、保障效率

对于实施“合作学习”，教师持有的最大焦虑是怕影响教学的进度。确实，“合作学习”的实施比起以教师为中心控制同步教学的进度来说，似乎是一种效率差的方法。不过，尽管“合作学习”的实施或许有损于“上课”的效率，但学习的效率是不会受到损害的。同步教学的效率是削弱了学习的经验、放弃了学习困难学生、忽略了寻求发展性学习的学生的兴趣而得来的效率。这里也必须转换观念。在习惯于同步教学的效率的教师看来，“合作学习”似乎是没有效率的、浪费时间的做法，但从推进“合作学习”的教师看来，同步教学的效率才是学生的浪费、经验的浪费。如果说，不是教学中教科书处理的进度，而是寻求每一个学生的学习经验的效率，那么，同步教学才是彻头彻尾的没有效率，而“合作学习”才是货真价实地讲究效率的。教师的责任不在于教科书的处理，作为专家的教师，其责任在于在课堂中实现每一个学生的学习。这样说来，我们应当寻求的不是传授教科书知识的效率，而是丰富每一个学生的学习经验的效率。

当然,由于实施“合作学习”而拖延了教科书知识传授的进度的话,即便保障了每一个学生的学习,仍然不能说是完美的教育。不过,实施“合作学习”并获得成功的教师绝不会拖教科书进度的后腿。其方法有两个。一,果断地处理单元的展开,有效地组织教学的内容:该压缩的压缩、该拓展的拓展。二,把“合作学习”作为“挑战性学习”来组织,亦即高水准地设定“合作学习”的课题。这样,“合作学习”就能够融汇基础性和发展性的教学内容,使得互帮互学得以实现。

# 8

# 走向挑战性学习

## 一、冲刺与挑战

"合作学习"的最大优点就在于保障每一个学生"冲刺与挑战的学习"。关于这种可能性,许多教师并没有意识到。"合作学习"往往可以实现学生奇迹般的高水准的学习。下面就介绍一个案例。这是积极地实施"合作学习"的富士市岳阳中学(初中)2年级学生数学课的一个事例。

执教者是铃木雅彦老师,题材是"四边形的等积变形"。教科书中是把四边形 $ABCD$ 等积变换成三角形的课题(参见图 1)。

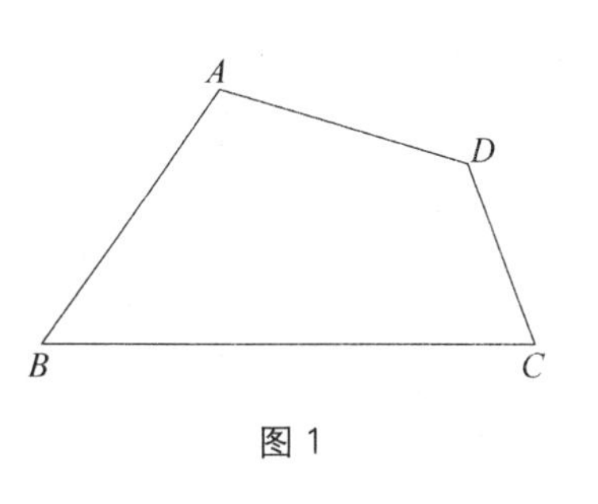


图 1

通常,这种四边形变换成三角形的等积变形的作图问题,课堂中半数以上的学生能够理解,在考试中也有半数以上学生能够作答。倘若实施了"合作学习",那么,所有学生都能轻而易举地作出解答。

铃木老师为了实现"冲刺与挑战的学习",决定设定难度更高的课题:"把一个四边形 $ABCD$ 等积变换成三角形,可以有几种解法。"能够得出正确答案的学生,通常只限于课堂中的两三个学生。然而,倘若实施了"合作学习",可以肯定,几乎所有学生都能够解答。

于是,铃木老师在这节课中,决定挑战更高难度的"挑战性学习","把一个凹四边

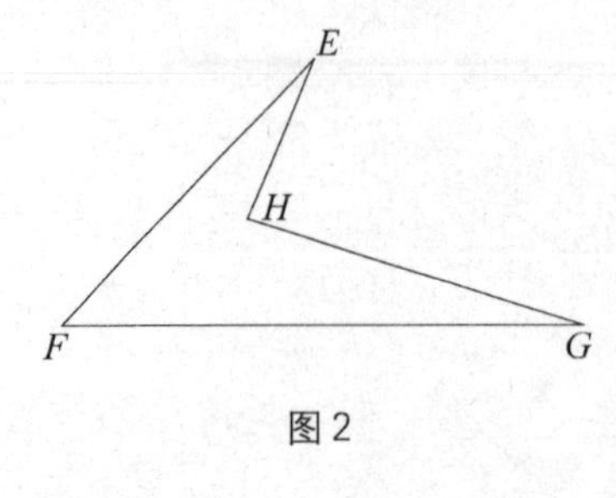

图2

形 $EFGH$(参见图2)等积变换成三角形,可以有几种解法"[1]。在这个问题中,通常一个班级里面作图成功的学生可能有几个,但能够回答"有几种解法"的学生会不会有,很难说。

在铃木的课上,进行了实证"合作学习"可能性的令人激动的尝试。岳阳中学2年级的学生们,平日里习惯于基于小组学习的"合作学习"。但是,班里有不少数学成绩差的学生,考试成绩接近0分的学生也有几个。这些学生能够挑战如此高难度的问题,而且能够解答出来吗?

## 二、挑战性学习

对于这两个问题的挑战,是通过男女生混合编组的四人小组的活动进行的。首先是凸四边形 $ABCD$ 等积变换成三角形的问题。有几个学生难以理解,但通过询问本组同学,15分钟左右,所有学生都能成功地作图。单凭这一点,就可以表明小组学习的有效性了。对于"可以画几种"的问题,学生们用了好几张纸来作图,在小组内接二连三地讨论,兴趣越来越浓厚。正确的答案是八种。作出八种解法的和子(匿名,下同),在开始时费了九牛二虎之力回答了班级里数学最差的雅彦的问题,自己只作出了两种作图的解法。但是,通过回应最差的同学,和子最先发现这个问题的本质是:"每一条对角线可以作出四种等积变形,由于有两条对角线,所以可以作出共计八种三角形的作图。"很快,所有小组都作出了八种作图,解决了这个难题。"合作学习"真是威力无比。

不过,在这个时点上,雅彦等几个同学还只能勉勉强强地作出一两个三角形。他们都知道了这种作图与对角线的关系,问题是凹四边形等积变换成三角形的挑战。通过更高水准的学习的挑战,他们达成了较低水准的学习。这个凹四边形等积变换成三角形的问题,几乎所有小组都能够画出四种图形,再画下去就有困难了。打开这个僵局的是真理。真理是同数学差的道彦与悟三人组成一个学习小组进行学习的。他只作出了一种图形,而且是不同于道彦与悟作出的四种三角形。真理作出的三角形,去各个小组对照,没有发现有同样画法的同学。受到真理的启发,一个小组发现,在凹四边形之外,还有一根对角线,同凸四边形一样,可以作出八种的三角形来(从实际的作图看，难点在于：这个场合的三角形是以减去同样面积的三角形的方式来计算的）。

可以说，铃木老师让初中2年级学生投入“冲刺与挑战性的学习”，证实了“合作学习”的令人惊异的威力和有效性。这个案例进一步启示我们，“合作学习”成功与否，取决于能否设定适当难度的课题。“挑战性学习”正是“合作学习”的本领。

## 译注

① 1. 把四边形 $ABCD$ 等积变形成三角形，可以有几种解法？

如图1，画对角线 $AC$，过 $D$ 作直线 $DP // AC$ 交 $BC$ 延长线于 $P$，联结 $AP$，所得 $\triangle ABP$ 的面积与原四边形面积相等。

证明：$\because DP // AC$

$\therefore \triangle ACD$ 面积与 $\triangle ACP$ 面积相等

$\therefore \triangle ADM$ 面积与 $\triangle PCM$ 面积相等

此时，原四边形“割法”$\triangle ADM$，“补上”面积相等的 $\triangle PCM$，变形为 $\triangle ABP$，它与原四边形面积相等。

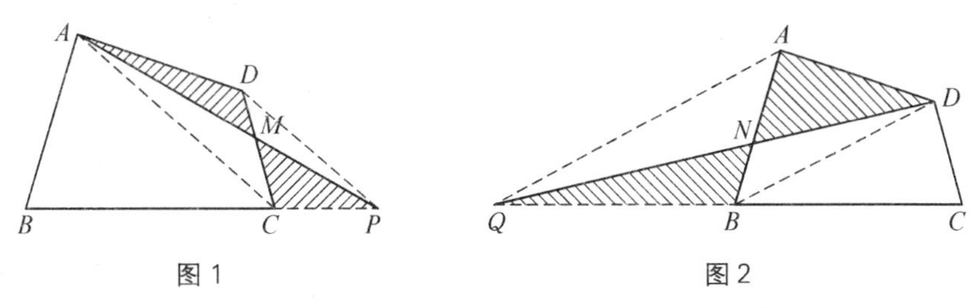


图1　　图2

如图2，用同样方法画对角线 $DB$，过 $A$ 作直线 $AQ // DB$ 交 $CB$ 延长线于 $Q$，联结 $DQ$，所得 $\triangle DCQ$ 的面积与原四边形面积相等，证明同前。

由此可见，底边落于 $BC$ 边上、符合要求的三角形有两种，即 $\triangle ABP$、$\triangle DCQ$。四边形 $ABCD$ 有四条边，因此可以作出八种三角形，与原四边形面积相等。

2. 对凹四边形 $EFGH$，讨论同样的问题。

此时，如图3、图4，底边落于 $FG$ 边上、符合要求的三角形也有两种，即 $\triangle EFP$、$\triangle HGQ$。四边形 $EFGH$ 有四条边，因此符合要求的三角形也有八种。不过，作图稍显复杂，证明道理完全一样。

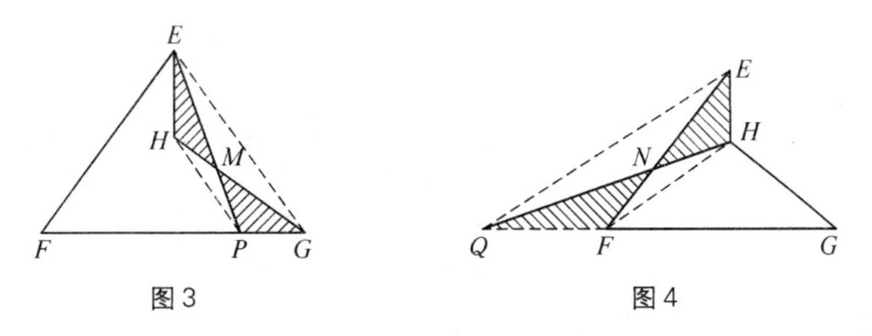


图3　　图4

3. 点评。

华东师范大学数学教育专家顾泠沅教授点评说:“四边形等积变形成三角形,是教科书中常见的例题,采用“割去”与“补上”的割补原理来解决。此处将其适当改变,首先问‘可以有几种解法’,难度有所提高,接着再在凹四边形中讨论同样的问题,显然具有很大的挑战性,通常学生只能完成其中的一小部分,很少有学生能一个人冥思苦想做到底。所以,这是实证‘合作学习’可能性的极好题材,成绩差的与成绩好的、男学生与女学生都在一个小组里讨论,兴趣浓厚,相互回应,集思广益,人人都做到了最后,甚至得出为什么有八种解法的深入理解,例如有认为‘落于一条边可以作出两种等积三角形,四条边共有八种解法’;也有认为‘一条对角线可以作出四种等积三角形,两条对角线共有八种解法’等。此外,在凹四边形中,把 $ABCD$ 分别对应于 $EFGH$,作图和证明均体现了同样的过程,由此还可体验‘对应’的数学思想与方法。”

# 9

## 成功的秘诀

### 一、教学的要诀

下面提示一下小组学习得以成功的要诀。在小组学习中必须明晰的是:(1)应当怎样组织小组;(2)何时实施小组学习;(3)何时结束小组学习;(4)在小组学习期间,教师应当做些什么。

第一,应当怎样组织小组的问题。正如已经指出的那样,小组基本上以男女生混合的四人小组为宜。男女生混编是为了激活合作性思维。很难说清这是为什么,但凡不是男女生混编的小组,合作性思维就难以充分发挥。四人小组的单位,对于所有成员彼此平等倾听的学习关系是最合适的。倘若是五人以上,往往会有人成为“客人”;倘若是三人以下则难以出现见解多样的交流。在小组学习中无需领导者也是重要的关键所在。在“生活班组”的活动中是需要领导者的,但在“合作学习”中重要的是人人平等。因此,可以从这个意义上区分“生活班组”与“合作学习”的小组。

第二,何时实施小组学习的问题。关于这个问题,有两个机会。其一是“个人学习的合作化”。其二是“旨在冲刺与挑战的合作学习”。小组学习的主要意义在于后者。当然前者也应当积极地实施。通常个人学习是每一个人默默作业来进行的。这种做法往往会造成优等生很快就做完了作业,后进生则在握着铅笔虚度光阴。无论是优等生还是后进生,都只能体验到贫乏的学习。个人学习也可以作为“合作学习”来展开。后进生可以多多询问临座的同学:“哎,这里该怎么理解?”这种作业是促进后进生进步的最大条件。

小组学习的核心意义在于"为了冲刺与挑战的合作学习"。当教学过程中只有几个学生举手,多数学生浮现出困惑的表情的时候,就应当马上组织"合作学习"。这种局面在任何学科教学中都存在。能否抓住时机实施小组学习,使所有学生都能致力于"冲刺与挑战",是教学成功的关键。几乎所有课堂在后半段都是依靠少数举手的学生进行的,能否转入小组学习,是保障所有学生"冲刺与挑战"的决定性关键。在课堂教学进入高潮阶段,也必须组织小组学习。教师应当认识到,"冲刺与挑战"在小组学习中是最容易被激活的。

## 二、何时结束小组学习

第三,"何时结束小组学习"同"何时实施小组学习"一样重要。但是,几乎所有教师都毫不介意。这样,往往导致学生消化不良或是陷入胶着的状态。

就结论而言,小组学习应当是随"学习"的发生而发生,随"学习"的结束而结束的。预定实施 5 分钟的小组学习,倘若"学习"仍在进行,可以延长到 15 分钟。反之,预定实施 15 分钟的小组学习,倘若"学习"不能形成,那就应当 5 分钟就打住。关键是取决于教师的准确判断。那么,如何来判断"学习"是否形成了呢?这种判断决不难。看看学生的状态,倘若是醉心于"合作学习",那么,"学习"是形成了;倘若是懒懒散散、闲谈聊天,那就表明"学习"并没有形成,应当尽快结束。

## 三、教师应当做些什么

在小组学习中教师应当做些什么,这是第四个问题。以往学习小组中教师的活动被称为"桌间巡视",这是个令人厌恶的词汇。即便不是"桌间巡视",在课桌椅之间来来回回,记录学生反应,以便改进日后教学的教师也占了大多数。这不过是权宜之计罢了。在小组学习中,丰富多彩的"合作学习"同时展开,因此难以把握每一个学生的多样思考。就这一点而言,还有那么一点价值。

在小组学习中教师必须进行的工作有两个。首当其冲的是关照不能参与小组"合作学习"的学生。同不能参与同步教学的伤害相比,不能参与四人小组的"合作学习"的精神伤害更大(正因为如此,小组学习的效力极大)。因此,在小组学习开始后不久,教师必须让学生一个不漏地参与“合作学习”。我们经常发现一些教师单独地帮助不能参与小组学习的学生，个别回答他们提出的问题。教师的这种做法是错误的。教师必须做的是，让那些不能参与的学生同小组里的学生沟通起来，而不是分别回答个别学生的提问。

教师接着应当做的，是对小组的关照。在“合作学习”中难以展开讨论的小组总会有那么一两个。只要对这些小组进行帮助、推进各个小组的“合作学习”，接下来交给学生去做就可以了。教师不必事事躬亲，包办代替。

# 10

# 小学低年级的“合作学习”

## 一、低年级儿童的困惑

小组学习应当在小学(3年级以上)、初中、高中积极开展,但小学1、2年级阶段不能实施。我考察过无数的课堂教学,小学1、2年级的课堂能够有效地发挥小组学习功效的,极其罕见。确实,在加拿大、美国和芬兰等国的学校里,我十分欣赏小组学习在小学1、2年级也有效地发挥着作用。不过,这些都是只有十五名以下学生的课堂,而且是1、2年级学生一起学习的复式教学班的课堂。在日本,几乎所有教室都有二十五名以上甚至四十名以上的学生,因此并不具备有效发挥小组学习作用的条件。

试观察一下小学低年级学生碰到的困惑,会注意到两种情况。其一是小组学习的情境,其二是个人作业的情境。在小组学习中之所以会困惑是由于在小学低年级阶段专注于自己的学习,对同学的学习漠不关心。因此,即便乍看起来是形成了小组学习,仔细地观察每一个学生就会发现,在四人中间总会有一两个学生并没有真正地学习。要求1、2年级的学生在没有教师的积极引导下去关照他人、回应他人,终究是不现实的。

个人作业的场面也是同样。试观察一下困惑的学生,困惑的学生处处感到困惑。倘若让他们在发给的资料上写上自己的名字,他们写出来的名字歪歪扭扭,脏兮兮的。一旦用橡皮擦擦去,名字栏则会被涂成漆黑一片,越擦越脏,以至于擦破了纸张。因为没有一件事做得像模像样,心情糟透了。倘若同邻座的同学半开玩笑,就会发生不大不小的乱子，被周边的同学嫌弃，引发老师的注意。样样事情都不顺心。因此，在小学低年级课堂进入个人作业的阶段，教师必须千叮咛万嘱咐。但是，小学低年级教师布置的活动与作业往往过度，也忽略了对每一个儿童的关照。

## 二、低年级的合作

小学低年级的“合作学习”，宜让所有儿童和教师一同参与。仔细观察低年级的课堂就可以明白，对低年级儿童而言，需要的是同教师的个人之间的关联。低年级儿童唯有得到了来自教师的稳定的个人关联，才可能慢慢发展到对伙伴学习的关心，才会有同伙伴沟通的意识。就教师而言，唯有在课堂中建构了同每一个儿童沟通的放射线般的稳定的关系，才可能追求每一个儿童同其他儿童之间的沟通关系。即便在小学低年级也应当追求“合作学习”，但这种“合作学习”应当是以教师同每一个儿童之间放射线般的沟通关系为基础的。就是说，并不是通过组织小组学习，而是通过把班级所有儿童联系在一起来实现的。

因此，小学低年级课桌椅的配置极其重要。教师宜拆除讲台，以全身都能看得见的方式接近儿童。课桌椅摆放时也不应当让儿童面对黑板，使每一个儿童分别坐或是双人坐，而是应当排成扇形，使每一个儿童能够彼此看得见面孔的错杂坐为宜。这是一种便于前后左右同伙伴交谈的安排。而且，最好是缩短同教师以及同同学之间的距离。我把低年级课桌椅的这种紧密配置叫做“低年级团团坐型”。小学低年级课堂最需要的，是倾听伙伴的发言，是逐一地理解和会通每一个伙伴的不同见解。

## 三、无微不至的关照

一般说来，在低年级的课堂里，教师往往致力于建构“风风雨雨的班级”。但是，形成真正的学习课堂并不是“风风雨雨的班级”。在人人能够安心学习的安静的课堂里才能形成“合作学习”。从这个意义上说，教师的张力尽可能压低，教师的音量和儿童的声音必须同样地压低，我们需要的是即便儿童小声地说，整个课堂也能听到的课堂。不是要求儿童“再说大声一点”，而是应当说“某某小朋友说得非常有趣，大家再听一遍吧”。

教学的节奏也是重要的。一般说来，低年级教室的教师无视儿童学习的节奏，过分急促。幼小儿童的学习节奏比成人想象的还要缓慢，应当根据儿童学习的节奏来进行教学。

话语和声调的柔和性也是重要的。可以摸摸低年级儿童的脸庞，就像新鲜的嫩叶那样柔和。低年级儿童的皮肤感觉就是这样一种柔和性。相对于这种柔和性，教师的话语和声调却往往是僵化和生硬的。由于教师的话语和声调的僵硬性，儿童的活动和应对也变得僵硬和粗鲁，在这种课堂里是不会产生润物细无声般的“合作学习”的。通常，在低年级的课堂里，教师喜欢唠唠叨叨地讲授儿童已经明白的东西，往往就会变成没有“冲刺与挑战”的平铺直叙的教学。唯有冲刺与挑战的“合作学习”，才是润泽儿童心田的课堂，才是宁静的教室里教师循循善诱的课堂。这种润泽性和缜密性正是培育孩童知性的关键要素。

# 11

# 克服低学力的“合作学习”

## 一、改革的危机

学力低下是教育改革的焦点。自从2000年文部科学省倡导“劝学”以来，学力测验的排行榜竞争，成为衡量学校教育是非的主要标准。基于“数值目标”和“严格评价”的教育行政和学校经营正在以由上至下的方式渗透到中小学校。这不过是仅仅三年里的事情。日本的学校行政在这三年间已经完全沦为类似“吉野家”那样的全国连锁店的经营体系。

围绕学力低下的教育行政最不可思议的是，应对学力低下危机的政策越是推进，学力低下的现象越是泛滥。诸如①像调教动物那样的机械训练的普及，②分层教学的泛滥，③由于小班制的实施带来的临时聘用与代课教师的充斥，④基于应试主义的竞争与管理，等等，形成课堂学习的贫弱、教师专业水平的低下，引发了“学校的私塾化”，最终导致教育的劣质化。不是危机引发改革，而是改革扩大了危机。

发人深省的是，大凡实现了学力提高的学校并不是直接以提升学力为目的的学校。我所合作的诸多学校都借助“学习共同体”的创建实现了儿童学力的提高，但这些学校都不是直接以提高学力为目的，而是拒绝机械训练、拒绝分层教学、拒绝应试主义评价。这些学校改革的宗旨在于实现每一个儿童的学习权。它们是在课堂中实现优质的“合作学习”经验的学校，因而儿童学力的提升乃是必然的归宿。学力提升是充实学习经验的结果，目的与手段的关系不可颠倒。

## 二、“分层教学”的陷阱

最深刻的事态在于机械训练与分层教学的爆炸性普及。日本学校教育的卓越性在于中小学基础教育中的优质的均等教育。这种评价是世界教育学家一致认可的。然而,在日本,仅仅在几年内,“分层教学”就在七成以上的小学和六成以上的初中蔓延开来。而且,外国大量的调查研究验证了“分层教学”导致了学力低下与学力落差的扩大。

然而,日本的儿童与教师却对“分层教学”大体持好评的态度。就低学力儿童而言,本来不懂的内容通过老师耐心的教导得以理解;就教师而言,可以好好地教导没有得到充分指导的低学力学生。在这里,恐怕存在着“麻药”般的蒙蔽作用。为什么这样说呢?这是因为,儿童果真能够扎扎实实地学或是教师果真能够扎扎实实地教吗?这不过是降低教学内容的程度,花费更多的教学时间罢了。就是说,在“分层教学”中无论学生和教师都在“满意”之中降低了学力、扩大了学力的落差。这是不折不扣的能力甄别与歧视。

## 三、走向学习的合作

如何看待学力低下呢?我只知道一些通过教师献身性努力确实使儿童摆脱了低学力的案例。如果教师只教七八名学生,通过教师的献身性努力是有可能帮助低学力儿童的。可是,日本的小学教师上课时需要面对近四十名儿童,初高中教师则要应付一百五十名至三百名不等的学生。凭借教师个人的努力是无论如何也办不到的。不过,我同时知道,通过参与基于小组的“合作学习”却可以克服无数儿童的低学力问题。基于倾听关系的“合作学习”的建构,正是克服低学力的最有效的方法。

无论怎样的教育,学力的个体差异是不能克服的;无论实现了怎样均等的教育,学力的正态分布曲线是不会消弭的。因此,“人人得百分”的目标是不正确的。教育应当追求的是以正态分布曲线为基轴,稍稍向高位推移、缩小分布曲线的幅度。而这两个目标,在能力上或是个性上多样的儿童借助“合作学习”,都是能够实现的。况且,正如考察课堂的“合作学习”所表明的,儿童对于伙伴之间的相互宽容、相互关照的互动能力比教师更加优越。无论哪一个课堂,教师比儿童更加不能容忍班级中的捣乱分子。

不过，在“合作学习”的实施中存在若干问题需要注意。其一，低学力儿童几乎只想独自学习。恰恰是他们需要同伙伴合作，但讨厌依赖同学，总想独立地摆脱困境却屡遭挫折。教师的应对也存在问题，教师对他们的提问是有问必答。越是这样，他们越是处于被动等待老师和同学来“教教我”的心态，丧失了主动地争取同学的帮助以摆脱自己困境的能力。低学力儿童应当养成随时随地向身边伙伴请教“喂，这里怎么回事”的习惯，培养主动地求教伙伴的能力。其二，教师必须认识低学力儿童摆脱低学力的逻辑。教师一般以为，低学力儿童的转变是一个日积月累的过程，但事实上，低学力儿童是可以突然在某个时间点上摆脱低学力状态的。“学力”并不是自下而上地堆积起来的，而是需要从一定的高度加以引领。以往的未知经验的积淀将会产生出新的意义关系。不管怎样，低学力儿童也必须挑战“冲刺与挑战的学习”。

# 12

## 构筑信赖与合作的关系

### 一、宁静的革命

"合作学习"作为"宁静的革命"在世界各国的课堂展开。造访发达国家的中小学就可以发现，那种课桌椅面向黑板整齐地排列、以教科书为中心，教师讲学生听的课堂风景，已经进入博物馆了。"宁静的革命"从幼儿园扩展到大学，这种"课堂革命"已是不可逆转。即便在日本，缓慢的"宁静的革命"也在进展之中。例如，在小学的教室里设置讲台已十分罕见。初中和高中的教室里仍然残留着传统的风景，但在小学的一般课堂教学和初中、高中的综合学习中项目型课程是相当普遍的；在伴有调查、实验、实习的综合学习、理科和家政科的教学中基本上都是基于小组学习的项目型学习。"合作学习"也同项目型学习一样，是迈向应对 21 世纪社会的学习的一种"宁静的革命"。

"合作学习"是在经历了整整一个世纪的新教育传统之中发展起来的。日本从战前到战后都是最为积极地实施新教育实践的国家之一，特别是战后不久的民主主义新教育的普及，格外引人注目。从 1951 年实施的国立教育研究所和东京大学课程调查委员会的调查来看，全日本七八成的小学和初中的教师采用"单元学习"，挑战校本课程开发。当时，美国的中小学课堂超过半数的课桌椅用螺栓固定，英国的新教育实践也不过是在伦敦市内仅仅 5%的中小学实施而已。战后日本民主主义教育的挑战，从国际上看是一种规模宏大的少有的尝试。从历史的角度来审视，21 世纪学校的特征——“项目单元”的学习、“合作学习”，在日本是拥有史无前例的历史传统的。遗憾的是，这种引人注目的挑战由于占领政策与文部省的政策转换，只有几年的经验便谢幕了，但它的革新传统却深埋于其后的教学研究和课程开发之中，直至今日得到了传承。日本课堂的“宁静的革命”，也是“永远的革命”（long revolution）。

## 二、民主主义的实现

尤其具有讽刺意味的是，在这五十年间，相对于曾一度式微的日本的“项目单元”与“合作学习”，欧美各国的中小学却在此期间借助“宁静的革命”实施了“项目型课程”，实现了从教科书和黑板为中心的“同步教学”到“合作学习”为中心的教学模式的转型。近五年来，中国香港、新加坡、韩国、中国大陆等亚洲国家与地区也在急速地推进“宁静的革命”，这里面，反映了社会与教育中的民主主义的渗透与发展，也体现了各国教育工作者对于政治、经济、文化的全球化的积极应对。

特别是作为21世纪智能社会的一种应对，需要谋求从“知识与学习的量”到“知识与学习的质”的转化，推进教育内容的深化，组织“多样的语境中运用知识”的“项目型课程”，同时，为实现多元文化共存的社会，需要谋求学习中的“合作”（collaboration）的实现。

当然，外国的“宁静的革命”也不是一帆风顺的。正如从国际学力排序竞争中所看到的，教育改革作为国家战略，强化了基于标准学力测验的学校之间的竞争和对教师的官僚式评价，从而导致了一部分地区复古式反复训练的机械学习的扩大倾向。再加上新自由主义政策造成的贫富差别的加剧，使儿童生育处境恶化，社区环境的亲和变得越来越困难。这些条件成为阻碍以“项目型学习”（Project-based Learning，简称PBL）为代表的革新教育和以“合作学习”为象征的基于民主主义教育的“宁静的革命”的要因。

但是，尽管存在这些负面的条件，在世界各国，课堂的“宁静的革命”仍然在扎扎实实地进行。迄今五十五年前，日本领先于世界，实现了当初被誉为“革命性”的课堂改革。可以说，这种状况如今在欧美各国的学校里得到了实现。而且，这是在欧美各国比五十五年前的条件更加优越的状态下推进“宁静的革命”的。优越条件有两个。一是课堂的规模。在欧美各国，学生数量在二十名左右，新加坡和韩国也正在改善为三十名以下。二是优秀教师的教育与再教育。在欧美各国，教师教育被升格为研究生水准的教育，实现了“项目型学习”课程的开发，推进了“合作学习”的优秀教师的教育与再教育。五十五年前日本新教育的辉煌的挑战也曾经领先于世界，大学本科毕业的青年优秀教师成了课堂改革的核心推进力。如今这种条件必须尽早地得到恢复。

## 三、走向明日的学校

实现“合作学习”的课堂创造蕴含着这样一种意义：不同的人们彼此信赖与合作，构建多元文化共存的社会，可以说，具有着在全球化社会里标榜民主主义社会之实现的革新意义。

实际上，在急剧变革的政治、经济与社会环境中，我们站在了两种未来社会的十字路口上。一是，基于市场经济原理的个人主义得到强化、基于能力主义的竞争得到激化的社会。二是，多元文化共生的社会，尊重人们生存方式的多样性、相互帮助合作的社会。无论选择哪一种社会，没有对他人的“信赖”与“合作”，是实现不了民主主义社会的，也不会有人类的幸福与教育的未来。寻求“合作学习”的教师与学生的挑战，就是准备日本社会的民主主义未来的挑战。

# 第二部

# “学习共同体”的创造
# ——学校改革的案例报告

# 13

# 学校改革的传统与现实

福岛县郡山市立金透小学(之一)

## 一、传统与创新

今年(2005年)也从日本各地汇集了大约八百名观摩者参加金透小学(校长富山英正)的公开课。1月23日,久违的大雪纷纷扬扬,福岛县郡山市银装素裹。我本人参加该校的公开课已是第七个年头了。不过,该校的公开课持续了三十年以上。一所学校坚持三十年以上,每年开放所有的课堂举办公开课,绝非易事。

金透小学位于郡山市的中心。明治六年(1873年)在戊辰战争中被烧成废墟的郡山地方创办了一所乡村学校——“盛隆舍”,明治九年(1876年)明治天皇巡幸之际,木户孝允[1]把它命名为“金透学校”。据说,“金透”源于明治24年(1891年)创作的校歌中的歌词:“精诚所至,金石为开。”在改名为“金透学校”的当时新建的西洋风格的一部分校舍,至今还作为史料馆存留着。

金透小学在前年(2003年)举办了一百三十周年校庆纪念。该校自创办以来一直是作为郡山市的文化与教育的基地,与社区的人们一道风风雨雨地走过来。在一百周年校庆之际,由该校的毕业生汤浅讓二作曲、汤浅氏的友人谷川俊太郎作词,创作了《金透赞歌》。歌词唱道:“昨日辉映今日,今日缔造明日。”确实,金透小学一百三十年的历史是人们殚心竭虑地经营的历史,是一部往昔的传统在今日生辉,而现今的挑战缔造着明日的历史。

公开课的全体会议上，在体育馆密密麻麻的观摩者面前，我不禁想到一所学校传承的历史与传统的分量。倘若一所学校丧失了自身的历史与传统，那么，这所学校就会如同天空的浮云那样来去无踪。然而，如今匆匆忙忙推进的学校改革，大多都无视学校固有的传统，就像一笔抹杀了学校内外的历史与文化一般独断专行。这样的学校改革是不会给社区与日本社会带来任何好处的。

金透小学在战后不久编制了落实民主主义教育的《金透计划》，成为福岛县新教育运动的基地。越是扎根于传统，就越是拥有创造性，就越是能够摸索出新时代教育发展的可靠方向。其革新性之一，就是该校的管弦乐队。该校在战前就是一所拥有铜管乐队、音乐教育出色的小学。据说，《金透赞歌》的作曲者汤浅譲二尽管是庆应大学医学部的学生，却最终成了著名的作曲家，就是由于他在金透小学读书时积累的铜管乐队的体验使然。1960 年，金透小学的铜管乐队荣获全国冠军。

在公开课的午休时间，该校的管弦乐队为观摩者演奏。那场演奏表现出令人难以置信的高超水准。该校管弦乐队演奏莫扎特的《魔笛序曲》，荣获 2001 年度全国中小学合奏比赛全国大会的最佳奖，成为全日本的四连冠。这是激动人心的荣誉。当年，金透小学的学生数缩减到高峰时的十分之一，不到两百名。管弦乐队的器乐无一不需要高度的技巧。通常，无论哪一所小学的管弦乐队都需要从 4 年级开始集中队员练习，比赛时以 6 年级学生为中心编组参加。以往金透小学也是这样做的。但是，那次是从 4 年级到 6 年级的全体队员五十九名（约占 4 年级以上学生数的一半）全员参加而得奖的。就是说，占队员三分之一的 4 年级学生，只经过半年的练习就达到了日本冠军的水准。正如日本 NHK（日本广播协会）的全国播放中评论者所说的："乳臭未干的稚嫩学子，出人意料的超常演奏。"着实是令人惊叹的壮举。

这个壮举的秘诀有两个。其一，是社区人士的合作与帮助。金透小学以郡山市中心部的商店街为校区，居民大多是金透小学的毕业生，许多人曾是铜管乐队成员。每天上课结束的下午三点钟，社区人士轮换来校指导管弦乐队。儿童们模仿着社区前辈的演奏，掌握了演奏的技巧。其二，是该校日积月累的"学习共同体"的创造。在该校的每一间教室里，每一个儿童都受到尊重，以倾听他人心声为基础的"相互学习关系"业已形成。"相互倾听关系"和以此为基础的"相互交响关系"，形成了该校"学习共同体"的轴心。对于学生们来说，无论是课堂中的相互学习还是管弦乐队的演奏，都是以"相互倾听关系"为基础的"交响"的实践。

在管弦乐队荣获日本冠军的前一年，我获得了一个在练习现场担当指挥的机会。曲目是约翰·施特劳斯的《蝙蝠序曲》。猛然拿起指挥棒即兴指挥，我惊诧莫名。这里指挥的一举手、一投足，都会原原本本地反映在演奏上。全然是暗谱，没有谱面台，指挥者的动作却即时地传递给了演奏者。不仅如此。指挥棒一旦跳动，演奏也跟着节奏优美地起伏跳动起来。儿童们对这种交响的奥妙所在，是心领神会的。从指挥台下来，我就跟宫前贡校长说："来年一定会夺得冠军的吧。"如今这个预言居然变成了现实。

## 二、从学校内部的变革做起

金透小学是从1968年度开始公开课的。算起来，2003年度的公开课是第三十五个年头了。

学校里实施自主研修，其研修成果让邻近学校的教师分享。这种公开课的模式是在大正时代(1912—1926年)的自由教育中，由私立成城小学、千叶师范附属小学、奈良女高师附属小学开创的，昭和初期普及到全国的师范附属学校。战后，公开课不仅在附属小学，而且在一般的公立学校也得到普及。从1960年开始，文部省开始实施"指定研究校"的制度。这种方式甚至扩大到了县教育委员会和市町村教育委员会，推进了为期三年的"指定研究校"的计划。在第三年有义务举办公开课，这种公开课的方式扩展到一般学校。但是，不可否认的是，校本研修与公开课被形式化了。接受指定研究委托的学校，根据预设的课题组织校本研修，编制研究手册，举办公开课。不过，没有一所学校在指定的三年结束之后仍然持续研究的，也没有一所学校是持续举办公开课的。唯有从学校内部的变革做起。金透小学持续三十五年的公开课的步伐，雄辩地说明了这一点。

今天比较罕见的、像金透小学那样由学校自主地举办公开课，每年有一段时间来激活校内课例研究的学校，在日本全国各地还有不少。我是从二十五年前就开始造访一些中小学，展开这方面的研究的。在那个时期，全国各地都存在一些以课例研究作为学校运营中心的学校，每年举办公开课，成为该地区教学改革的基地。而且，这些学校大多从战前开始就是地区的基地学校，像金透小学那样历经数十年，学校独自展开教学的研修，促进以儿童为中心的教学的创造与教师专业能力的形成。如今，全日本的许多中小学纷纷仿效这些基地学校，挑战课堂教学的改革，自主地公开自己的研究

↑三十多年了，该校每年开放所有教室举办公开课，绝非易事。

成果。

不过，在这二十五年间，尽管教育改革与学校改革的呼声高涨，但是以校本研修为中心，从学校内部的变革做起，自主地公开自己的课堂的学校，已经销声匿迹了。当然，即便在今日，像富山市堀川小学和长野县伊那市的伊那小学等学校，与金透小学一样，也仍然存在着传承教学改革的传统、坚持自主的公开课的学校。不过，如今大量的学校丧失了教学改革的传统，沦为“寻常学校”了。

以校本研修为中心的自主的学校改革的基础不仅已经崩溃，甚至校外组织的教师教学研究团队的活动也衰退了。二十五年前，我赴任三重大学，根据当时做的三千多名县内教师的调查了解到，小学教师四人中有一人，每月一次带着教学记录，参与自主的教学研究团队的探讨活动。未参加这些团队的九成的教师也表示“只要有条件，就愿意参加”。而且，这些团队八成以上不是全国规模和县规模的团队，而是近邻教师组织起来的松散的组织。这些自主的教学研究团队如今每况愈下。可以说，在这二十五年间业已毁灭殆尽。

令人啼笑皆非的是，学校内外的教师的自主教学研究的式微是伴随着教育行政的研修体制的扩充同时进行的。在这二十五年间，文部省与地方教育委员会致力于教师的“教学实践指导能力”的提高与“特色学校”的创造；在全日本的国立大学教育学部设置旨在教师研修的硕士课程;扩充文部省、县教育委员会、市教育委员会的“指定研究校”;确立初任者研修制度,县市的教育研究中心实施庞大的在职教师研修计划;在地方的国立大学设置教育实践开发中心;众多的研究者组织学科教育学会、教育方法学会和教师教育学会,展开教学与教师的研究。

教师自主教学研修的式微与教育行政的教学研修的制度化并行不悖地进行,绝非偶然的巧合。“教学研究繁荣,课堂教学灭亡”;“教师研修繁荣,教师灭亡”;“学校改革繁荣,学校灭亡”——这种并非笑料的事态之所以蔓延,究竟是怎么一回事呢?教师、教育行政工作者和教育研究者,必须直面这种充满矛盾的现实,摸索新的学校改革的愿景。

## 三、同心圆结构

金透小学的教学改革坚持了三十五年的秘诀之一,在于着眼于课堂中儿童学习的事实来展开研究。这是意味深长的。

日本教育学会的研究小组曾经做了一项以在职教师为对象的问卷调查,对他们就“教学的改进”、“教师的成长”的议题,提出了“什么是最重要的契机”、“谁是最有效的顾问”的问题。结果是,作为“重要的契机”居第一位的是“教学的自我反思”。其次,小学教师的场合是“年级会”,初中教师的场合是“学科会”的教学研究。再其次是“校本研修”。然后依次是“自主性团队”、“教育工会和教育委员会组织的研究会”、“研修中心的讲座”。最后是“大学研究者的演讲”。对“有效的顾问”的回答,居第一位的,小学教师的场合是“同年级的同事”,初中教师的场合是“学科同事”。其次是“同一学校的前辈与同事”,然后依次为“校长、教务主任”、“近邻学校的前辈与同事”、“教育委员会和研修中心的主任”,最后是“大学教师”。

这个调查结果表明,无论是教学的改进还是教师的成长,以教师自身的实践场所——课堂——为中心,形成了一种同心圆的结构。对于教师来说,最重要的是扎根于自己的课堂事实的研究与研修,重视自己所在学校内部的研究与研修。就是说,必须建构以校本研修为核心,并从外部加以支持的研究与研修的体制。

但是,在这二十五年间,倒行逆施的改革体制支配了学校与教师。就同心圆结构而言,外围肥大化、内层核心空洞化的事态不断加剧。教学的研究与研修是官僚化与形式化的一套。如前所述的咄咄怪事——“教学研究繁荣,课堂教学灭亡”;“教师研修繁荣，教师灭亡”；“学校改革繁荣，学校灭亡”——的蔓延，就是其恶果。那些请大学教师来演讲的“贴金式”研修会、借助指定研究“装门面”的研修，应当统统列入扫荡之列。

**译注**

① 木户孝允（1883—1877），政治家，是同西乡隆盛、大九保利通齐名的“维新三功臣”之一。

# 14

## 创造"共同学习的教学"

福岛县郡山市立金透小学(之二)

### 一、课堂的公开

菅野哲哉老师的5年级综合学习《学习生命,感悟生命》的公开课,在体育馆里挤满了将近八百名观摩者的注目之中开始了。金透小学举办的公开课,上午是一堂由观摩者全员共同观摩的大型公开课,下午是各个教室里的公开课及其研讨会,然后是学术讨论会。菅野老师的理科教学几年来发挥着引领课堂改革的作用,观摩者对他的公开课寄于莫大的期待。

"准备好的同学请上前来"——在菅野老师的一声呼唤中上课开始了。今天来上课的,都是菅野老师所在班级未经筛选的全体儿童。不仅是菅野老师的班级,在整个金透小学的任何一间教室里上课的,也都是原来所在班级的儿童。特别是菅野老师的班级,这些儿童柔和的、自然的身心动作都是绝妙的。正是每一个儿童以平常心来参与学习,才能实现纤细而深入的思考与丰富的交响。这种柔和性是菅野老师的一言一行带来的。不仅如此。在这间教室里,每一个儿童都拥有安心感和期待感,因为任何一个提问或是发言都会得到大家的接纳和响应。在观摩了菅野老师的课之后,盘旋于我的脑际的,是支撑着深入的思考与丰富的交响的他同儿童之间沟通的精彩,而这种精彩是金透小学所有教师共同的特色。

"上面,我们已经探讨了胎儿在人的腹中的发育。接下去,我们还要学点什么呢?”——对于菅野老师的提问,二十八名儿童接二连三地回应。恭介(匿名,下同)说:“在动物的腹中有胎盘……。”保子说:“是不是从卵子发育而成的动物都有胎盘呢? ……。”金江附和了一句:“胎盘的作用是获得母体的营养和使血液不混在一起。”晴香说:“想了解一下动物腹中的样子。”玲子说:“无论是人还是动物,胎儿的发育开始时都是一样的,但养育就不同了,所以想了解一下。”

试观察一下菅野老师同班级儿童的沟通,即便是在教师讲述的时候,也专注于“倾听”儿童的叽叽喳喳,而且,菅野老师的讲述方式与听话方式是触觉性的。就像触摸到每一个儿童那样,把每一句话都送到每一个儿童的心田。菅野老师的身体就像抛物面天线那样,面对每一个儿童开放,以便全身心地接纳每一个儿童的话语。菅野老师的每一句话之所以能够使这个课堂犹如“吹皱一池春水”般地激起层层涟漪,并且形成交响,就在于菅野老师的身体语言与整个话语能够同每一个儿童思考的起伏变化相吻合,丝丝入扣。整个课堂分享着“嘈嘈切切错杂弹,大珠小珠落玉盘”的美妙。

## 二、交响的学习

这节课的课题是“探究受精之后第五天的受精卵,试观察有没有胚胎,胎儿发育的样子如何”。不过,每两人只分配一个受精卵,儿童们表现出焦躁的神情。让他们了解,活的受精卵是润泽的,在那里孕育着生命。女生叽叽喳喳地念叨着,“真神奇”、“太可爱”,眼明手快地取了出来。菅野老师问道:“好神奇呢! 莫非是一个可人的小宝宝?”——几乎全班同学都举手了。“好好地珍惜这种心情吧。”确认了对于生命的敬畏之念。

儿童们拿着受精卵、小容器和小镊子,回到了有三四人座位的课桌椅旁。然后,两人为一组,埋头于用小镊子小心翼翼地去掉外壳的作业之中。割开小小的裂缝,用小镊子从那里分别取出一小片壳,就可以看到受精卵的样子了。片刻,“看,看,真了不起!”的感叹声此起彼伏。稍微取掉一点点壳,可以看见黄体的周边布满了血管,在黄体的核心部分有小小的心脏在跳动着。再仔细观察又可以发现,黄体中有两个小小的黑点,那是两只眼睛。

菅野老师来回踱步于儿童们的课桌椅之间,倾听每一个儿童的发现与感慨的话语。这种沟通也是触觉性的。菅野老师的手放在了炯炯有神地说着话的儿童的肩膀上或是背上。这堂课的主题,一方面是学习“生命的尊严”,但另一方面又伴随着剥夺了一个生命的作业——这种矛盾所产生的细微的思考，催生了师生之间亲密无间的接触。在通常的教学中也是这样，菅野老师与儿童之间的关系是心心相印的。这种心心相印的关系构成了他的课堂的“合作学习”关系的基础。

菅野老师说了一声：“想要资料的人，到前面台子上来拿。”那是描述受精卵中的雏鸡状态的插图复印件。鸡卵中的雏鸡发育这份资料的意义在于，让人关注动物进化的过程。这种观察的直接目的是观察“有没有胚胎”。不过，具有如下事先设定好的引导的意义：把生命的进化过程与胎儿的发育进行类比。菅野老师的教学对于儿童或是观摩者来说，都会带来不可思议的安定感。这种安定感的一个秘诀就在于他的教学组织能力的镇定性。他的教学，无论是一节课也罢或是一个单元也罢，都是十分凝练的、镇定的。

↑菅野老师的讲述方法是触觉性的。

观察结束后的儿童们重新集结起来，转入课堂讨论。美贵开口道：“蛋清是不是相当于人体的羊水？”和美接着说：“在白色区域起保护作用。”菅野老师问道：“有没有胚胎？”健太发言道：“看来好像是肚脐眼的东西，不知道是不是。”阳介说：“蛋是不是相当于子宫？”美智子补充道：“是的，壳上面黏着白色的膜呢。”“是嘛。今天的课，我们还不知道有没有胚胎就结束了？”——菅野老师说罢，课堂上议论纷纷。健次发言道：“白色的粘膜不就是胚胎么！”整个课堂里，“是的”、“是的”——赞同声响成一片。儿童们提议下一节课的活动要详细观察受精卵的内部。菅野老师在结束课时预告说，在该校上学的水岛同学的父亲是一名兽医，到时把他请到班上来，就动物胎儿的发育问题给同学们作更详细的讲解。

## 三、教学的研修

金透小学数年来以“共同学习”为课题，挑战着“参与”与“集中”的教学，这是一种交织着“发现”、“对立”、“挑剔”与“共鸣”的教学。在该校的总结报告中说道：“我们发现，我们所期待的理想的教学，就是‘儿童与教材一起、与伙伴一起、与老师一起进行学习，而教师也向儿童学习’这样一种‘教学相长’的基本构图。”

这里看似若无其事的话语却是富于含蓄的表达。该校的研修积累——在一年内开展几十次的课堂教学观摩——缜密地探讨课堂中每一个儿童的学习状态，是如此的质朴，却产生出如此凝练的教学风格。

实际上，教学的创造能否成功取决于教师在多大程度上尊重教材，尊重每一个儿童，以及教师对于自身教育工作的尊重。

要做到其中的某一个尊重是不困难的，但要做到同时尊重三者的持续的教学创造，绝不是轻而易举的。并且，为了形成、传承和革新这种教学创造的风格，金透小学坚持了三十多年的全体教师公开课的教学研修与研究。

下午在各个教室的公开课，同上午公开的菅野老师的课一样精彩。这里所谓的“精彩”并不是指教师“上课”的优劣，而是指每一个儿童自由自在地、有个性地参与教学，形成了以“倾听关系”为基础的管弦乐般地交响，尤其是每一个教师都能真诚地面对教材与儿童。

## 四、改革的传统与传承

如今学校改革所需要的，不是崭新的政策与制度改革，而是像金透小学那样的作为“学习共同体”建设的基地学校。在这里，每一个儿童的学习权受到保障，每一个教师的个性成长得到促进。

每当我造访金透小学，就会想起二十五年前开始的观摩教学与教学合作的活动。那是 1980 年的事。那一年，发生了初中校内暴力高潮的先例——三重县尾鹫初中的校内暴力事件，并被报纸与电视作为“教育问题”大张旗鼓地报道。在此前，“教育问题”是在报纸的头版报道的，电视台一般是不介入的。这次，“教育问题”一时间闹得沸沸扬扬。

不过，报纸与电视台的报道不过是徒劳地批判学校、非难教师而已，并没有提示解决“教育问题”的线索。学校一所一所地被孤岛化，教师被孤立了。课堂成为只有师生了解的密室的暗箱，课堂里的教与学不再受到人们的关注。即便对于教师而言，教与学也被“置之度外”了。彼此观摩教学的同僚之间的信赖关系崩溃了。为了避免来自内外的夹击，教师越来越封闭于蛋壳般密封的教室里。

同学校被封闭、课堂被封闭的沉寂状态形成鲜明的反差，来自教育行政和大众媒体的喧嚣却没完没了。在学校与课堂的外围，实施了学校改革的若干政策。

然而，这些改革并没有给学校带来哪怕是丝毫理想的变革；这些改革也没有给课堂带来哪怕是丝毫理想的变革。

在我开始造访学校、观摩教学的1980年前后，还存在像金透小学那样的教学创造与教师专业成长的基地学校。当时还是二十几岁的我，带着录像镜头，造访全国各地的中小学，从事教学观摩，进行课堂录像。

那时，每一个县至少有十所学校像金透小学那样的基地学校，它们一直在推进着返璞归真的优质教学的创造。这些学校同金透小学一样，是大正自由教育与战后新教育的先锋学校。它们继承了革新的传统，发挥着作为学校改革的先进学校的作用。这些学校传承了地区的历史与文化，形成了培育儿童、培育社区文化的教师与市民的教育网络。我的学校改革的行动研究，就是受到这种历史传统及其网络的支撑才得以实现的。

然而，在这二十五年间，几乎所有地区的学校改革的基地学校已经不复存在。这种结局是令人啼笑皆非的。文部科学省和地方教育委员会越是主张学校改革的必要性，就越是倡导形形色色的政策；大众媒体与新闻界越是宣传学校改革的必要性，这些基地学校的教师研修就越是空洞化、形式化，就越是衰败不堪。可谓“越是疯狂越落空”。

每当想起这二十五年间学校与教师的急剧变化的时候，我就觉得金透小学的公开教学研究所蕴含的意义是不可估量的。学校必须从内部变革做起。要促进学校内部的变革，就得有来自校外的支援。我们不应当停留于徒有其表的讨论与政策。唯一的出路就是：发现学校改革的王道，并且脚踏实地、持之以恒地行进在这条道路上。

# 15

## 初中创建“学校共同体”的挑战

静冈县富士市立岳阳初中(之一)

### 一、在一次退休晚宴上

2004 年 3 月 30 日，就在即将法人化的两天前，审议一大堆文件的东京大学评议会一结束，我就乘出租车赶往东京火车站，车票也没有预定，就间不容瞬地跳上了新干线。抵达新富士站已是晚上八点钟，马上又乘出租车赶往格兰特富士宾馆。总算赶上了将近尾声的晚宴。那是祝贺岳阳初中校长佐藤雅彰老师退休的晚宴，由于除了教务主任稻叶老师和教师小川老师之外，事前大家并不知晓，因此当我捧着花束迈入会场，惊异的欢呼声响起来。佐藤校长强忍着感动的脸庞，泪光闪闪。

我同佐藤校长的相会是在七年前。作为岳阳初中教导主任就任广见小学校长的佐藤老师，对我推进的“学校作为学习共同体的建设”产生了共鸣，期待着发起新的挑战。那时，新潟县小千谷市立小千谷小学，以及在佐藤老师就任广见小学校长的同年创办的茅崎市滨之乡小学，都是示范学校。佐藤校长在电话里跟我说：“我想以小千谷小学为榜样，展开挑战。”我对他说：“优质的学校没有两所是同样的。小千谷是小千谷，广见是广见。好好加油吧。”不久，我造访了该校。

佐藤校长给我的最初的印象是，他是一位温文尔雅、睿智果断的人。我的大部分作品他都通读了，在一册册的书中夹满了书签纸，划上了横线。我不由得感到惶恐之至。佐藤校长对于学校改革一往情深的热忱更使我感动不已。在多次造访之后我才了解到，那时他正经受着刚刚失去患癌症的爱妻的孤独煎熬。在最初的相会中就被佐藤校长对学校改革的情有独钟的精神所打动的我，决意借助患难与共的同志般的信赖与亲密关系，一起推进广见小学与岳阳初中的“学习共同体”的创建。

在主席台上献花的同时，我表达了自己的心声：“衷心感谢能够分享到两所学校如此精彩的经验。”不管怎么说，出席晚宴本身就表达了这样一种心迹。事实上，在这七年间，佐藤校长比我更透彻地理解了我的学校改革的愿景与方略；以超越了我的想象力的能力实现了这个愿景，不断地发挥作为我的理论与实践的引领者的作用。在晚宴的浓情蜜意的氛围之中，我深深领悟到此前能够同众多挚爱的校长们合作是何等幸运。尤其是小千谷市立小千谷小学校长与长冈市南初中改革进行合作的平泽宪一校长、新潟市樱丘小学的加纳纮一校长，同茅崎市滨之乡小学改革进行合作的大濑敏昭校长（已故），以及佐藤校长。在这十年间，他们是我心目中最受尊敬的、了不起的校长。

在晚宴席上，岳阳初中的每一个教师都谈到了跟着佐藤校长走过的改革步伐，大家一边点头微笑，一边倾听着这些连绵不绝的发言。每一个教师的言辞都是那么幽默与含蓄，包含着他们对于佐藤校长的挚爱，对于岳阳初中的改革充满着的骄傲与自信。令我惊异的是，每一个教师都是以自己的话语来阐述自己的教育哲学。这所学校培育起来的“同僚性”是不会中途夭折的。

## 二、初中的现实

以佐藤校长为中心的岳阳初中的教师们，三年来一直致力于“学习共同体”的学校建设，可以说是开拓中学教育未来的划时代的伟业。三年来的改革在佐藤雅彰、佐藤学编的《公立学校的挑战——变革课堂，学校改变——富士市立岳阳初中》（行政出版公司 2003 年版）中有详细报道。[①]

三年前，岳阳初中首任校长佐藤雅彰老师，在同一校区的广见小学已经积累了“学习共同体”的学校建设经验，熟知其意义与方略。而且，岳阳初中的大约半数学生是广见小学的毕业生，这些学生和家长经历了小学的体验，与佐藤校长同样渴望“学习共同体”的学校建设。

另一方面，我深切感到，作为“学习共同体”的学校建设的挑战必须从小学扩展到初中。小学的“学习共同体”的创建已呈燎原之势，正在普及于整个日本。以茅崎市滨之乡小学为中心，在全日本确立了三十所以上的示范学校，参与这些学校的公开研讨会的教师们达数万人。据我所知，将近五百所学校开始了“滨之乡模式”的学校建设。尽管需要花费精力，但整个潮流席卷全日本小学教育界，只不过是时间问题。

然而，初中的“学习共同体”的学校建设是踌躇不前的。当时我已造访了将近一千三百所的中小学与幼儿园，同它们进行从内部变革开始的改革合作。当然，其中最多的是小学，其次是幼儿园和高中，同初中合作展开课堂改革、推进学校建设的经验最少。这个事实本身如实地反映了今日初中的现实。二十多年来，我参加了各式各样的教学研讨会，但初中教师参加者少之又少。各种研讨会都是以小学、高中、幼儿园的教师为中心，初中教师实在是凤毛麟角。自校内暴力席卷全日本初中的上世纪 80 年代以来，初中的教学研究经历了“空白的二十年”。

绝不是初中教师丧失了热情，也不是他们懈怠于学校的改善。恰恰相反。初中教师的工作时间超过了小学教师和高中教师，连星期六都用上、没日没夜地工作的教师也不少。倘若再要求初中教师付出更大的热情与努力，那么，几乎所有这些教师都会身心俱疲。

↑佐藤雅彰校长（左）与作者。

尽管倾注了如此的热情与努力，初中的现实依然故我，甚至更加恶化。不良行为和校内暴力年年攀升，辍学之类的学校教育的阴暗面现象有八成是以初中为舞台发生的。最深刻的危机是大量初中生的逃学现象。日本初中生在校外的学习时间处于世界最低的水准，厌学情绪也是世界最高的，而且这种倾向年年在恶化。许多初中生随着年级的上升，丧失了学习的意义，丧失了学习的伙伴，丧失了帮助学习的教师，以及丧失了自身的可能性，一而再再而三地逃避学习。今日的初中，即便有心改变这种现状，但要遏止并变革这种局面，已是回天无力了。

归根结底，日本初中面临的根本问题在于并没有以"学习"作为生活的中心这一点。二十多年来，初中教育是围绕"三种指导"组织起来的。所谓"三种指导"就是"俱乐部活动指导"、"生活指导"与"出路指导"。学生的"学习"被边缘化。不仅教师们的工作与思考是如此，学生们和家长们也是以"俱乐部活动"(不良行为对策)、"生活指导"(教养)与"出路指导"(应试对策)作为生活与思考的中心。在这种结构中，三分之二的学生早早地就自暴自弃，进而逃学；剩下的三分之一的学生尽管热心学习，但纠缠于应试的威胁与竞争之中而不得不陷入以私塾为中心的生活与思考，要期待学校的学习经验的充实是不可能的。

三年前的岳阳初中就是以"三种指导"为中心的典型。教师们的活动被分工，俱乐部活动与学科教育被分割，成天被日常的会议与杂务忙得团团转。课堂的墙壁坚硬封闭，结果是不良行为、问题行为多发，辍学的学生多达三十八名，占全校学生总数的4%。有的学生上课时徘徊在走廊里，学力处于全市垫底的位置，社会舆论怨声载道。就是这所岳阳初中，在三年后，所有的学生都建构起了"合作学习"的关系，所有的教师每年借助八十次的课例研修建构起了同僚性，辍学的学生从三十八名剧减到六名，学力水准从全市垫底的状态提升到先进的水准。学校发生的这种变化，除了佐藤校长和我之外，学生、家长、教师，谁都感到不可思议。

## 三、支撑挑战的一个信念

我本人从以往的经验，特别是从造访了所谓"垫底学校"的初中得来的经验之中形成了一个信念，那就是"挑战学习的儿童(学生)绝不会垮掉"的信念。实际上，持续地挑战学习的儿童(学生)，即便家庭垮掉了，朋友垮掉了，自身也绝不会垮掉。反之，逃学的儿童(学生)会轻而易举地崩溃下来，得不到老师、家长、朋友、社会的信任，甚至连自己也对自身的可能性感到绝望。郁积起来的劣等感、不满与愤怒形成了难以排解的心结，动辄我行我素、为所欲为、愤世嫉俗，为害人害己的冲动所支配。这种惨痛的现实，在当今的初中与高中已是司空见惯。

逃学儿童的脆弱、垮掉的现象，想想也是理所当然的。儿童(学生)总是依赖某人，要受其监护，所以才是"儿童"。倘若这种儿童的学习权被剥夺了，自己对未来的发展感到绝望，又不被大人信任，那么，他就会对自己与他人都感到绝望，这是理所当然的结局。"学习"，对于儿童来说是学会社会自立的一种核心责任；同时也是作为一个人的生存权利(人权)的核心、生存希望的核心。

持续挑战学习的儿童(学生)绝不会垮掉。初中改革的核心是构筑"学习共同体"，实现每一个学生的学习权——我的这个信念，是基于我自身参与的若干初中改革的经验而形成的坚定不移的信念(参见佐藤学《变革课堂，学校改变——从综合学习到课程的创造》小学馆2000年版)。尤其是在长冈市南初中同平泽宪一校长一起推进的学校改革的成果，成为这一信念的依据。

长冈市南初中也同岳阳初中一样，是一所逃学儿童的问题行为多发、学生大量辍学、学力低下、声名狼藉的初中。在这所南初中，平泽校长身体力行，从与学生的"对话集会"开始抓起，构筑课例研究的同僚性。经过两年的拼搏，实现了"学习共同体"的学校建设目标。所有学生的学习权都在学校生活中实现了，家长的"学习参与"也覆盖了所有班级。问题行为已经绝迹，三十名以上的辍学学生剧减到三名，学力水准也跃为全市的前茅，来自社区的信赖与合作也恢复了。可以说，"学习共同体"的愿景在南初中已经成为现实。

南初中同岳阳初中一样，产生了巨大的影响。接下来，安城市安城西初中、茨木市丰川初中、川崎市南菅初中、高山市龟山初中等，也开始了创建"学习共同体"的学校改革。这些公立初中的改革经验，以及福井大学附属初中、山形大学附属初中、信州大学附属松本初中的经验，无可辩驳地印证了我自身抱有的初中课程与教学的愿景。作为公立初中的"学习共同体"的示范学校的建设本身，是我的行动研究的核心课题。确实，时机成熟了。我决心在未来的十年间(至2010年)在全日本建设十所"学习共同体"的示范学校。在全日本大约有一万所的初中之中只有十所，或许是一个微不足道的数字。不过，倘若这十所示范学校拥有前瞻性，拥有明晰的愿景、理论与实践的支撑，那就一定会发挥出超越一万所学校的撼动与引领的作用。学校改革并不是依赖中央机构的政策能够达成的，脚踏实地的草根改革才是根基。当这种草根改革获得了全社会的支持和合作时，就会成为推动历史车轮的改革。我们期待着岳阳初中的改革能够迈出这一步。

**译注**

① 佐藤学教授在该书的序章《这里，有着中学的未来和希望——岳阳初中的伟业》中说："在岳阳初中，课例研究打破了学科之间的隔阂，以年级或以整个学校为单位探讨每一个教师的公开教学。这种方式改变了以往动辄集中于教材与教师的教学技巧的分析，而聚焦于学生学习的现实。这种变化非同小可。停留于细枝末节的教学技巧是不可能构成学生的相互学习，提高每一个学生的学习品质的。在岳阳初中，当这种课例研究将近50次之后，学校和课堂的面貌为之一新：逃学的学生没有了，校内暴力消失了，少年犯罪绝迹了。在课堂里，智慧的、健康的笑声苏醒了。这是一种戏剧性的变化。通过课堂中'相互学习'的实现，每一个学生的尊严确立起来了，基于'学习'的对话苏醒了，基于'同僚性'的教师之间的相互合作也形成起来了。"参见钟启泉编著《对话教育——国际视野与本土行动》，华东师范大学出版社2006年版，第57—63页。

# 16

## 从课堂改革走向学校改革

静冈县富士市立岳阳初中(之二)

### 一、改革课堂的三个要素

岳阳初中的改革是从在课堂中引进三个要素——“活动”(作业)、“合作学习”(小组学习)、“分享表达”——开始的。这是我倡导的“活动性、合作性、反思性学习”的具体化。佐藤雅彰校长在上任后不久的教工会议上宣布推进“学习共同体的学校建设”,强调“课堂的改革”与“同僚性的建构”是学校建设的第一步。不过,这个愿景并不是教师很容易就能理解的,其实教师们对佐藤校长倡导的愿景大多是半信半疑的。

但是,无论佐藤校长还是从旁咨询的我都清楚地知道,初中的改革靠局部的努力与渐进的改良是难以奏效的。初中的改革必须是一种根本性的变革,一种结构性、整体性的变革。从这个意义上说,最初的一步是不容妥协的。其实,佐藤校长并不是没有作出一点妥协。在岳阳初中,“综合学习”曾是教师研修的一个课题,但基于“综合学习”的教学改革是有局限性的。“综合学习”的意义在于使得学习活动具体化,但每周几节的“综合学习”是难以渗透在学科教学之中、变革日常的课堂教学的。佐藤校长尽管了解“综合学习”的局限性,但“综合学习”的研修仍然得到尊重,并且把“综合学习”引向家长的“参与学习”(参与教学的合作)。

学校改革的核心在于日常课堂教学的建构。我们在所有的课堂中引进了三个要素——“活动”(作业)、“合作学习”(小组学习)、“分享表达”,逐渐让所有教师展开尝试。我最初造访该校是在六月份，几乎所有教师都已经根据佐藤校长的要求，在所有课堂中采取了学生的活动（作业），在50分钟里有几分钟是基于小组“合作”的讨论，以及在课堂里交流种种见解的“分享表达”。教师在讲台上独白的“一言堂”教学，业已销声匿迹。

不过，在实践之初，任何课堂都难免是稚拙的。即便引进了活动（作业），教师仍然是一讲到底。五六人一个小组的讨论也是流于形式，或是由于课题水准太低，小组讨论显得过分冗长。甚至出现了有的教师以发言次数作为评价标准，强制学生发言却又回答不了的情形。不管怎样，尽管是稚嫩的，但“课堂的改革”毕竟在所有的课堂中启动了。

关于另一个改革的支柱——“同僚性的建构”，佐藤校长要求全体教师每年最少有一次的公开教学，进行相互切磋的课例研究。他要求教师们超越学科的界限，彼此公开自己的教学，以提高教师作为教育专家的能力。

组织所有教师开放自己的课堂、展开教学研修，在初中是相当困难的。像岳阳初中这样大型的学校，更是难上加难。日本的初中教师由于“学生指导”、“俱乐部活动指导”、“出路指导”而身心疲惫，况且初中教师的工作是以学科单位、分工单位、部门单位来组织的，就像“巴尔干国家”那样被支离破碎地分解了。[①]不向这种组织开刀，“同僚性建构”是不可能的。

在“同僚性建构”中佐藤校长煞费苦心确保教学研讨会的时间。所有教师彼此切磋课堂教学，每年必须组织至少四十次的教学研讨会，其关键在于全校的校本研修会与分年级的教学研讨会时间的确保。全校的校本研修会每次由两名教师分别进行一节课的教学观摩和两小时的教学讨论；分年级的教学研讨会利用录像进行至少一小时的讨论。以公开并研究日常的课堂教学为目的，不进行课前的检讨会，不事先专门准备公开课的教案，也不进行研修的总结。

在研讨会上，不议论教材的选择与教学技巧的是非得失，而是根据课堂的事实，探讨三个要素——“活动”（作业）、“合作学习”（小组学习）、“分享表达”——是如何发挥作用的；根据每一个学生的状态，探寻学生学习的成败得失之处。要求每一个教师直率地交流观察所得的印象与发现，所有教师平等地发表自己的见解。佐藤校长自己也上公开课，以体现“同僚性”中的平等性。

“课堂的改革”与“同僚性建构”，加上以“综合学习”的实践为中心，家长、居民与教师一道参与教学设计的“学习参与”的实践，点点滴滴、日积月累，终于为学生的“学习共同体”创建，为教师的“学习共同体”创建，为学校与家长、市民的“学习共同体”创建，提供了准备；同时也为从学校内部开始的变革，提供了准备。

## 二、改革的进展

变化是缓慢的，但改革获得了迅速的进展。大约半年后，课例研究达到了三十次的时候，学校与课堂的风景为之一变。无论哪一间教室，随着教师紧张度的下降和声调的柔和，每一个学生柔和地、真诚地学习的氛围出现了。在上课时间溜出教室徘徊于走廊的学生没有了，趴在课桌上的学生也急剧减少。课堂里洋溢着知性的、健康的微笑，辍学的学生也回归课堂了。校内暴力事件和不良行为销声匿迹。这是一种静悄悄的缓慢变化，却是急剧的变化。课堂里实现了相互学习，树立了每一个学生的尊严，对话学习活跃起来了。

对于佐藤校长推进的“学习共同体”的愿景，没有哪一个教师会再抱有疑问了。在每一间教室里都可以看到每一个学生挑战的真诚学习的面貌，这种变化了的课堂事实形成了教师们的不可动摇的信任。基于同僚性形成的教师团队的意识也有其重大的意义。在教职员办公室里，教师们彼此举出学生的名字，生动地描述课堂变化的情景。通过教学实践，加深了教师之间相互信赖的关系，形成了相互合作的氛围与团队精神。

不仅岳阳初中，任何初中要着手改革都是困难的。然而一旦改革的成果作为具体的课堂事实开始显现出来，就会比小学的改革更有活力地展开，理由有两个。其一，初中教师拥有的潜在能力。通常，初中教师的工作是分门别类地按照“学科”、“行政”、“俱乐部活动”、“出路指导”等展开的，而且往往忙得晕头转向。在岳阳初中，为了专心致志于教学设计的研修，最大限度地缩小俱乐部活动和生活指导的时间，行政会议集中在一天之中，以便确保每年近八十次的教学研修的时间。通过保障教学设计与教学研修的充分时间，构筑作为专家的教师的同僚性，使得以往被压抑的教师的潜能得以充分地迸发出来。

初中改革的动力源于学生潜在的能力。通过每节课中反反复复组织的“活动”(作业)、“合作学习”(小组)、“分享表达”三种活动，形成了每一个学生学习的习惯，提高了“合作学习”的能力。这种进步是小学儿童无可比拟的活力。可以说，其速度与规模超越了教师的成长。事实上，在岳阳初中，教师的教学改革的进展是受到学生高涨的学习意愿和“合作学习”关系的发展所牵引的。作为“学习共同体”的学校建设是基于教师的同僚性与家长、市民的学习参与而成为现实的，然而其推进力的核心却在于学生自身的“学习共同体”的创建。

岳阳初中的改革正如我们所料想的那样，甚至可以说是奇迹般地、戏剧性地实现了。不良行为与校内暴力多发、在全市以“贫困学校”著称的岳阳初中，一年之后，一跃而为不良行为与校内暴力绝迹的学校。不仅如此。在三年后，三十八名辍学生剧减为六名。在市内十四所初中的学力水准排名中，从最低学力水准上升为第二名的高学力水准。而且，出现了出乎佐藤校长、教师和我的预料的成果。该校在俱乐部活动的十五个项目中有十三个项目获得了第三名。这个成果之所以意外，是因为它是在减少了俱乐部活动、致力于教学创造的背景下获得的。“合作学习”关系的构筑在俱乐部活动中也获得了意料之外的附带的效果。

## 三、持续的改革

岳阳初中三年来改革的最大成果在于，通过改革，培育了拥有初中改革愿景与改革哲学的一支教师团队。实际上，在改革的进程中困扰佐藤校长的是人事调动。三年来，每年有将近三分之一的教师调动岗位。改革哲学与改革实践好不容易成为全体教师的精神资产，眼看着改革显现成果的时候，三分之一的教师却被替换了。这个事实意味着，每年都要重头做起。

当然，拥有改革经验的教师调到别的学校、接纳一批新来的教师，从富士市初中改革的全局看是一件好事。即便是能够理解到这一点，以佐藤校长为中心的教师们也难免产生每年如此这般折腾的难受心情。

不过，岳阳初中经受住了这样的磨练，课堂的教学质量年年提升，旧貌终于换了新颜。可以说，多少次的从头做起，使得改革的根基越发不可撼动。这是值得人们赞叹的壮举。这种脚踏实地的进步步伐，不仅受到教师同僚性的支撑，也受到学生之间业已形成的合作关系的支撑。

这样，岳阳初中因佐藤校长的退休而站在了一个新的起点上。佐藤校长的后任是在改革的第一年担任教导主任的藤田修一校长。据说，佐藤校长即便在退休之后也仍将作为校本研修的顾问支持改革。三年来造访岳阳初中的教师们同该校形成了松散的网络，在推进着各自学校中的创建“学习共同体”的改革。源于岳阳初中的草根改革，正在扎扎实实地向着新的深度与广度渗透。

↑学生的进步牵引着教师的课堂改革。

2004年5月13日，岳阳初中召开了藤田校长上任后的第一个校本研修会。这一年度也是经历了十三名教师从外校调来，开始了从头做起的一年。抱着一丝焦虑参与这次研修会的我，最终确信这种焦虑乃是杞人忧天。不过是短短的一个多月，新来的十三名教师便积极地展开了体现三个要素——“活动”（作业）、“合作学习”（小组）、“分享表达”——的课堂教学，并且开始形成自己的教学风格。十三名新教师的加盟，使得该校的改革实践奠定了更为丰富多彩的展开基础。

尽管是校本研修会，当天仍有来自全国各地的将近八十名教师观摩了教学。同这些教师的交流成为该校持续进行改革的基础。这也是千真万确的。

这一天承担公开教学课的是任职二年的矶部广老师，上的是一年级的社会课——“社会、国家与地区”。课业开始后，给学生分发世界各地的地名与岛名、城市名、国名混合的卡片，让他们从中挑出属于“国家”范畴的卡片。通过小组作业，形成了“何谓国家”的问题；然后一道探讨这个“问题”，从而析出构成“国家”的三个要素——“国民”、“主权”和“领土”；最后，就北爱尔兰能不能视为一个“国家”的问题展开了讨论。

这堂课的作业（活动与合作）和探究活动（冲刺与挑战的学习）被安排得井然有序，难以想象这是出自任职才两年的矶部老师之手。同他去年的课相比实在是一个飞跃性的成长。矶部老师的课堂及其教学风格是岳阳初中形成起来的教学实践的一个典型，孕育着持续改革的希望。为年轻教师所支撑的、迎来新任校长与新任教师的岳阳初中，正在翻开新的改革的篇章。

**译注**

① “巴尔干国家”或“巴尔干化”作为地缘政治的一个术语，起初用来形容欧洲巴尔干半岛复杂的政治形势，后来被引申为描述一个国家或地区分裂为众多相互敌对、互不合作的小国家或地区的过程。

# 17

# 改革在宁静地萌动

## 大分县别府市立青山小学(之一)

### 一、宁静的革命

在全日本的学校里,可称为“宁静的革命”的“学习共同体”的改革正在拓展。1997年神奈川县茅崎市滨之乡小学作为“学习共同体”的示范学校创设以来,这个“宁静的革命”就开始在全国急速地普及。这是学校危机与困惑加剧、教师寻求的学校愿景与滨之乡小学的挑战交互作用的结果。在滨之乡小学创设后的五年间,有来自全国各地的两万多名教师造访。这个数字接近战前造访者最多的奈良女高师附小(校长木下竹次)[①],超过了战后群马县的岛村小学(校长斋藤喜博)[②]。作为茅崎市示范学校的滨之乡小学承担着全国示范学校的作用。

滨之乡小学创设以来,“我校秉持‘滨之乡风采’,在挑战‘学习共同体’的学校建设。恳请您来访并给予指点”的邀请信与电话如雪片飞来。此前也有许多学校要求与我合作,平均每天有一所学校发来信函和电话。这个数字在滨之乡小学创设两年后增加了三倍。每年有一千所以上的中小学期待同我合作,进行“学习共同体”的创建,而且几乎都是进行阶段而不是准备阶段的需求。率直地说,“宁静的革命”以野火燎原之势迅即普及,远远超出了我的期待与想象。

不管怎么说,我是一名大学的公务人员,不仅承担着各种学会的重任,而且2000年被选为东京大学的评议员,2001年以来被选为国际教育学院会员(美国),忙于国际学术活动。2003年被选为日本学术会议委员，2004年东京大学法人化之后不久即被选为教育研究科长（教育学部长），即便自身的教育研究活动也处在疲于奔命的状态。加上近年来学术研究的竞争环境，规划的资金引进及其评估也得费时费力，因此，只能回应一成左右的来自一线中小学的呼唤。我也曾经考虑过辞去大学的职务，专心致力于学校改革的顾问工作，但这不是我对社会应负责任的最佳选择。

我个人的情况姑且不论，日本的学校致力于"学习共同体"改革的能量正在迸发，却是一个事实。"宁静的革命"萌动了。接下来介绍的就是其中之一的大分县别府市立青山小学。

## 二、改革的萌动

2004年5月21日，我造访了大分县别府市立青山小学。校长小畑善实老师是去年上任的。早在五年前我就受到他的邀请，当时小畑老师是市教育委员会的指导主任（后为学校教育课长）。他邀请我一道在该市着手推进滨之乡小学那样的基地学校的建设。不过，我的日程表早在一年前就已经排好，接受了滨之乡小学校长大濑敏昭（已故）的邀请。小畑老师的邀请一年又一年地往后拖，实在无暇他顾，只好拜托同僚的秋田喜代美老师（东京大学教授）和从事了二十年以上的课例研究与学校改革的石井顺治老师（三重县四日市，原校长）了。这次的造访对我而言是第一次。

同小畑老师的会面是在半年前兵库县高砂市小学举办的研修会的午休时间，这是一位柔中有刚的人。实际上，从我所了解的青山小学和小畑校长的工作来看，改革已经获得了如愿以偿的进展。

青山小学的改革是在一年前小畑校长上任之后开始的。作为学校教育课长重温了示范学校构想的小畑老师，很快提出了创建"学习共同体"的愿景，同教职工一道迈出了改革的一步。宁静的改革在萌动。

小畑校长在改革第一年向教职工提出了三个课题。其一，所有教师年内至少一次向同僚公开教学，进行课例研究。其二，所有教师必须明确自己研修的中心——学科领域与个人研究课题，用课堂录像记录围绕中心课题展开的教学研究。其三，公开课是日常教学的课，研修不是重在事前研究而是重在基于课堂事实的事后研究的讨论。

上述三者各自形成核心。学校必须是开放的公共空间。在一年里从不进行公开教学的教师，即便其工作如何出色也不得担任公立学校的教师。因为，这种教师尽管工作出色，却把儿童私有化、课堂私有化、学校私有化了，情何以堪。要展开学校的改革，所有教师就得公开自己的教学，相互切磋课堂的事实，构筑其作为教育专家的同僚性。改革的第一步是所有教师公开日常的课堂教学，构筑相互切磋的关系。要展开学校的改革，教师还必须尊重各自的个性与多样性。个人研究课题的设定就是保障教师的个性与多样性、同时也是使每一个教师成为"研究型教师"的第一步。

在教学改革中需要形成"倾听关系"。倾听每一个儿童的心声正是教学改革的出发点，而"倾听关系"正是儿童之间"相互学习关系"的基础。这是一种寻求"优质倾听"、"优质学习"的教学。

教学研究的风格也得改进。在通常学校的课例研究中，往往是让年轻教师上课，课前花费大量的时间和精力去准备，课后的研究却草草了事，或是大肆宣扬某种教学观，却无视了教师的个性与多样性。在青山小学设定的教师研修的核心是：与其关注教师如何"上好课"，不如聚焦于儿童如何"创造学习"。因此确认了如下原则：

1. 每年每位教师根据自己的研修课题给全校教师上一堂公开课。
2. 运用录像展开教学研修。
3. 课后研讨花费的时间多于课前准备时间。

在课后的教学研究中也确认了如下原则：

1. 根据课堂的事实进行评论。
2. 儿童之间的倾听关系是否形成。
3. "合作学习"是否形成。
4. 重视执教者的意图并展开建设性的讨论。
5. 全体教师发表一句话作为观摩感言。

小畑校长在改革一年后就青山小学的进步发表感言说：感受到"课堂里洋溢着沉稳的、融洽的氛围"。一年来的成果可以用"孜孜以求的努力"和"诚实地应对儿童"的一个组合词来表达："舒畅的变奏。"毫无疑问，这是"宁静的革命"的萌动。

## 三、学校机构与组织的改革

改革第二年的2005年度开始，一年内所有教师要上三节公开课。青山小学是一所拥有三百三十二名学生、包括校长、教务主任在内的教师二十名、行政人员六名的中等规模的学校。为了保障将近二十名的教师每人上三节公开课及研讨活动，一年内就得组织六十次的研讨会。就我的学校改革的经验而言,“合作学习”的课堂与创造教学的学校要从内部展开改革,就得有大约百次的课例研究。课堂教学的工作是一般人难以想象的高度智慧性的复杂工作,必须在每一个教师身上形成基于大量案例研究所培育的实践性智慧。

为了保障每一个教师三次公开课与研修,在第二年确立了研修制度,进行了机构和组织改革,以确保全体教师能够专心于教学的创造和研修;削减了会议与杂务;每周召开一次教职工的晨会。所有的课堂实施晨读,给儿童提供亲近书籍的机会。同时,沉着地、宁静地开始一天的教学。校务分工也改变为“一岗一人制”,以每月一次的教职工会议为中心进行审议,削减繁琐的会议。这样,确保了每周星期一的个人教材研究的时间、星期三的全校教师的教学研究、星期五的年级会教学研究时间。

↑小畑校长在教学研讨会上致辞。

“学习共同体”进而从课堂中的儿童关系、教职员室、年级部会中的教师关系拓展到家长的关系,推进了“参与学习”的实践。“参与学习”是为家长提供与教师一道参与教学活动、推进学校建设的机会而筹划的。就这样,青山小学迎来了改革的第二年。

## 四、改革的逻辑

我造访青山小学的那天，正好在召开“自主公开教学研究会”。大约有五十名别府市内中小学校的教师来观摩教学。以小畑校长为首的教师们的目标是，像茅崎市学校改革的示范学校——滨之乡小学一样，把青山小学打造成别府市学校改革的示范学校。这是以“合作学习”为中心的学校建设的基地学校的形成，这是把教师作为教育专家来培养的基地学校的形成。

我很快见到了小畑校长、石井顺治老师，并走进了教室。石井老师去年曾经两次造访该校，作为教学研修会的顾问，帮助该校的改革。从1年级到6年级的教室里，进行有家长的“学习参与”的晨读。在家长中形成了“读书”小组，家长们每月一次去各个教室进行晨读。只要家长多次经历“学习参与”的经验，就能更好地了解每一个儿童的特征，谈吐、应对也会更加出色。尽管只是15分钟的晨读，但清早的教室里所弥漫的温情脉脉的氛围却会支配着这整整的一天。

观摩课一般是在三、四、五节进行的。第三、四节分别在六间教室里进行，第五节在2年级的教室里，由平井伦子老师上公开课。

在造访中小学、学习其改革经验的场合，不仅要听公开课和参与教学研讨会，而且要抓紧机会，即便时间短暂也得浏览一下所有的教室。因为，学校改革的目的是保障每一个儿童的学习权，保障每一个教师作为教育家的成长。倘若只有少数教师、少数课堂上课出色，其他课堂儿童的学习受到阻碍、其他教师的成长受到阻碍，那么，这所学校的改革绝不能得到积极的评价。唯有保障每一个儿童的尊严与学习权，尊重每一个教师的多样性并保障其个性化的成长，才能使得学校的改革脚踏实地地向前推进。青山小学以其改革的事实彰显了这一条颠扑不破的改革逻辑。

### 译注

① 木下竹次（1872—1946），日本大正初期至战前昭和期新教育运动的领导者。大正八年（1919）任奈良女子高等师范学校附属小学校长，倡导并实践“奈良学习法”、“奈良合科教学”，寻求理论与实践的统一。在他看来，所谓“学习”，意味着“学习者从生活出发通过生活谋求生活的提高”。直至1941年，一直以该校为舞台发挥着教育改造运动的领导作用。主著《学习原论》（1923年）。

② 斋藤喜博（1911—1981），教育实践家。作为文化部长任期届满的1952年4月起就任佐波郡

岛村小学校长，时年41岁。斋藤的教育实践研究的原点是“引发儿童无限的可能性”这一技术哲学。斋藤直至1963年3月的十一年间，作为岛村小学校长从事通称“岛小实践”的学校教育与课堂教学的创造，对整个日本教育界产生了巨大影响。那是以“课堂教学”作为学校教育的核心，教师、家长、学者和文化人一道创造学校的课堂教学的思想与实践。著作有《介入授业的记录》、《斋藤喜博全集》(18卷，国土社，1969—1971年版)及《第二期斋藤喜博全集》(12卷，国土社，1983—1984年版)。

# 18

## 低年级的上课原则

大分县别府市立青山小学(之二)

### 一、学习的风景

别府市立青山小学的“自主公开教学研讨会”(2004年5月)是该校的第一次公开研讨会。自小畑善实校长和全校教师探讨公开教学的挑战开始以来,正好过了一年。借用小畑校长的话来说,每一间课堂里都洋溢着“沉稳而融洽的氛围”,“优质倾听”、“优质学习”的儿童在扎扎实实地培育起来,师生通过合作推进了“学习(倾听关系)的具体化”。

该校的《平成十五年度·校本研修的步伐》中明确提出了“校本研修三原则”:

1. 即时回应儿童的教学。
2. 以倾听为中心的教学。
3. 彰显教师风格的教学。

同时,记载了这些原则具体化的19个要点,这些要点都在这一年内通过课例研究取得了共识。

在这本小册子中,十七位教师都有各自的“个人研究课题一览”。青山小学也同滨之乡小学一样,没有校内统一的教师研修课题,而是强调每一个教师自主设定的方式,旨在尊重每一个教师的个性与多样性,促进各具个性特色的学习,并从这种多样性中建构同僚性。“个人研究课题”分学科、领域与研究课题来设定。例如,初中部的金子幸代老师在“图画和手工”中设定“旨在建构借助意见交换产生自己的见解与认识的教学”的研究课题，通过“喜怒哀乐跃然纸上”的单元，“在回想自己的哀伤的心情之中表现出来”的方式，报告一个男孩学习与成长的面貌。

“自主公开教学研讨会”是在上午的“一般教学①”(各教室)、“一般教学②”(各教室)的公开教学之后，安排在下午的“提案教学”与“公开教学研讨会”。这种安排也是我所参与的研究学校共同采用的方式。这种向参与者公开的方式由全体教师都进行公开教学，同时，由某一个参与者设定共同观摩的教学，以该教学为案例进行的“校本研修”。创建“学习共同体”的学校的公开研讨会并不是以公开优秀的教学为目的的，其宗旨是把保障每一个儿童的学习权的课堂与学校的面貌公之于众，把每一个教师彼此切磋、学生与教师合作创建“学习共同体”的面貌公之于众。为此，必须公开所有的课堂和所有教师的日常教学。同时，作为校本研修而展开的课例研究也必须公开。

## 二、低年级教学的创造

进行“提案教学”的是2年级(1)班的班主任平井伦子老师。这是一位清秀而老练的国语教师。讲读的课文是一篇说明文——《紫花地丁与蚂蚁》。课文是从一个谜团——“在水泥地的裂缝与高高石墙的狭缝中也长出紫花地丁来。”——开始的。堇菜类植物——紫花地丁的果实是“三瓣裂”，“噼噼啪啪地开着，一派盎然生机”。课文中附有两张照片。一张是蚂蚁发现了这个果实，“搬回自己巢中”的情形；另一张是“很快，蚂蚁又把这个果实丢出巢来”的情形。仔细观察被丢弃的果实，发现“原本的白球冠不见了”。蚂蚁“吃的就是白球冠”。这样，借助蚂蚁的力量，“紫花地丁可以把果实撒向各地”。

根据教学设计的预设，这堂课是八节课时中的第七节课。平井老师设定“本课时的目的”是，“以课文中的照片和叙述方式为线索，透过从蚂蚁选择紫花地丁的果实到紫花地丁开花的情形，领会紫花地丁与蚂蚁的伙伴关系的内涵”。

在观摩者蜂拥而至的这个课堂里，当铃声响起，课业就在平井老师“上课”的指令声中开始了。在这二十七名学生的班级里，课桌椅是按照U字形排列的。中间放了一把小圆椅，平井老师坐在那里。由于平井老师的身躯没有被讲台和课桌遮挡，而且跟学生的视线处于同一个高度，所以，平井老师与学生的沟通是面对面的。这个课堂空间，正如小畑校长所说的，“洋溢着沉稳而融洽的氛围”。平井老师的轻言细语的声调，自然也引发着儿童轻柔而热切的话语。低年级的课堂里能够构筑起这种倾听关系是无与伦比的。

我在教室前方的窗边一边用录像机摄影，一边以不同往常的紧张心态观察着教学的进展。我预感到，这堂课将是低年级教学的一个典型。如今任何一所学校都在摸索低年级的教学模式。随着家庭环境与文化环境的急剧变化，在低年级课堂中创建合作教学的工作变得越来越困难了。可以说，教师们对于超越"常规"的事态时时感到不知所措，又找不到替代"常规"的新的教学模式。我预感到，眼前呈现的平井老师的教学将会打破这种困惑，为低年级教学的革新提供一种绝好的实践范例。

↑2 年级(1)班儿童各自在朗读《紫花地丁与蚂蚁》。

平井老师在上节课曾带领儿童走出校门去探究紫花地丁，这堂课就是从询问儿童的观察体验开始的。儿童们一个接一个抢着回答：我是在运动场发现的，我是在墙角里发现的，我是在石板下发现的，等等。即便话语一样，但每一个儿童的体验各不相同。老师和同学都在分享着发现的快乐。

各自发现的状况大体讲完之后，平井老师在黑板上张贴的五张放大的照片，都是在校园里拍摄下来的紫花地丁的照片。儿童们详细地讨论是谁发现了这些照片里的紫花地丁的，它是怎样一种样子。"发现了果实"、"发现了蚂蚁"、"发现了旁边的蚂蚁巢"——儿童们接二连三地发言。儿童们通过自身的观察与体验，印证了课文中描述的果实与蚂蚁的情形。

于是,平井老师把课文中第七行和第十一行的文字和照片贴在黑板上,让全体同学一边思考每一句话在描写什么,一边朗读课文的这一部分。平井老师在揭示课文这一段的描写时,儿童们就在喃喃细语道:“啊,在课文的这段话里原来已经写着呢!”品味着当中的每一个词汇。

儿童们的朗读也是出色的。不是所谓的“齐读”,而是每一个儿童以自己的节奏朗读。即便如此,也是专心致志、轻声细语的。最后一个儿童是手指着课文慢条斯理地读完的,早已读完的儿童则静静地等待着。从朗读的情景,我们也可以感受到这个课堂里的每一个儿童形成了“合作学习”的关系。

平井老师直截了当地问道:“紫花地丁与蚂蚁是好伙伴吗?”儿童们的回答是精彩的:“第一段并没有写是好伙伴。”“好坏与否要从第二段才开始写到。”“发现好坏与否是一种学习,因此,在这里还没有写到。”“尽管没有写到好坏与否,但写了‘白球冠’。”“想想‘白球冠’,就可以明白是否是好伙伴了。”——发言接连不断。听着这些发言,我惊叹于这堂课超出了我一开始就油然而生的那种预感。

## 三、低年级教学的难点

话锋突然一转,平井老师一边说着:“蚂蚁在干什么,想想看,蚂蚁做了什么事情?”一边在黑板上挂出蚂蚁的漫画挂图和果实的漫画挂图。在果实的漫画挂图中画着裂开的“白球冠”。

“蚂蚁”的挂图一出现,整个课堂顿时活跃起来。

“哇——,那个什么?”“像蜜蜂似的。”——课堂里欢声一片。儿童们看着“果实”的挂图笑声朗朗地说:“橡子!”“戴着帽子的橡子!”平井老师“嘘——”,示意安静下来,利用挂图让儿童们细致地理解课文中描述的蚂蚁的动作。儿童的发言活跃起来,从课文中的蚂蚁转移到想象中的故事,游离于课文中的语言了。几个女孩在读到蚂蚁在巢穴中吃“白球冠”,再把果实丢出巢外的段落后纷纷发言,渐渐地,发言者局限于一部分儿童,三分之二的儿童则默不作声。就在这种状态之中,下课铃声响起。关于紫花地丁与蚂蚁是否是“好伙伴”的问题,只能留待下一节课讨论了。

在课后的教学研讨会上,意见集中在对平井老师与儿童们之间构筑的温情脉脉关系的赞赏与低年级教学的难点上。实际上,平井老师提供的公开教学是探讨低年级教学方式的绝好的案例。正如我抑制住内心的激动拍摄的那样，平井老师出示挂图之前的前半节课，实在是低年级教学的一种理想模式。这堂课成功的秘密就在于平井老师与儿童们之间自然而然地沟通的细腻性。低年级儿童的学习是以每一个儿童与教师之间形成牢固的关系为基础的。低年级课堂的教师必须如同扇子的骨架那样，同每一个儿童确立起牢固的关系。低年级儿童有了同老师之间的稳定的关系为基础，才能听取别的儿童的意见，同别的儿童沟通（从这个意义上说，我认为低年级儿童的个别作业必须有教师细心的辅导，1、2年级儿童课堂中的小组活动原则上应当避免。因为，低年级儿童的学习挫折是在个别作业与小组作业的情境中发生的）。从这一点说，平井老师与儿童们之间的关系是相当理想的。

↑平井老师在讲述紫花地丁探查队展开调查的情况。

那么，为什么挂图一出现，课堂里的"合作学习"的氛围会为之一变呢？这或许是儿童的发言离开了教科书，也离开了儿童自身观察的经验，被卡在一部分儿童的发言上了。研讨会的话题聚焦于这种变化，无不感到"低年级的教学是可怕的"。

我在教师出示挂图、课堂气氛急转直下之前，想起了解读法国哲学家阿兰(Alain)[①]的《教育随想》的教育学家帕斯卡尔(G. Pascal)[②]的一段话。帕斯卡尔敦促我们注意：阿兰是支持儿童中心的新教育实践的，但他严格劝戒要远离"学习即游戏的教学"和"兴趣中心的教学"。这些教学都是藐视儿童的教学。既然如此，这种教学终究会受到儿童的藐视。帕斯卡尔介绍阿兰的主张说："必须让儿童感兴趣。不过，不应当人为地制造兴趣。""我们不应当跟在某些孩子气的行为后面，而是必须诉诸超越这种孩子气的愿望。"这真是至理名言。

在教学研讨会后，平井老师面带轻松自如的满足表情说道要"迎接新的挑战"。这样，青山小学的教学研讨会通过细致地观察与探讨日常的课堂教学，推进着课堂中的"宁静的革命"。

**译注**

① 阿兰(1868—1951)，法国哲学家、教育家。在教育上强调磨练学生的坚强意志和克服困难的能力，认为教育的最终目的是培养"可信赖的公民"，并据此反对现代教育学对儿童发展阶段、兴趣和本质的过分强调，提倡古典主义教育。代表作《幸福论》等。

② 参见 G. Pascal《教育家阿兰》，桥田和道译，吉夏社 2000 年版。

19

# 小岛的“学习共同体”

## 广岛县尾道市立百岛幼儿园·中小学

### 一、学校的存续

2004年10月1日，我沐浴着清晨的海风，从尾道市的栈桥乘25分钟快艇来到百岛幼儿园与中小学。一到百岛的福田栈桥，六年前的情景便浮现在我眼前。那时，在这座栈桥上，岛上的人们等待着，两名年幼的女孩抱着鲜红的花束前来迎接我。全岛沐浴在节日的氛围中。在一度讨论撤校的尾道市议会决定合并设立中小学校之后不久，我前去造访。

促成我在六年前造访的，是当时的农协职员、邮政局局长和农协所长。他们是我的作品的热心读者，同痛心于“学校的存续关系到小岛的存亡”的小学校长东老师（当时）商量，邀请我一起筹备公开研讨会，展望小岛学校的未来——“学习共同体”的愿景。全岛的总人口是七百多人，由于是孤岛的关系，人口老龄化加剧，高峰时（战后初期）拥有五百三十名学生的学校，如今，幼儿园、小学和初中加在一起，也不过三十几名。尾道市议会以提供船费为条件，决定撤销学校。我通过东校长传达了存续的唯一可能性是小学与初中的合并。这在广岛县是没有先例的，在关西地区也是罕见的。但以中小学合并设校来维持学校，在东北地区却是并不鲜见的方式。岛上的人们通过坚持不懈地交涉，就在我出席研究集会的前夕，市议会已经同意合并设校。全岛沸腾了，俨然在庆祝一个重大的节日。

学校的存亡跟岛的存亡息息相关。倘若学校撤销了，百岛就会沦为废墟。同濑户内海的其他孤岛一样，百岛传承了平氏家族兵败以来的漫长历史与文化。风平浪静的海湾和几个岛影簇拥的柑橘之岛是绝无仅有的胜地。提起“孤岛”，或许有人会联想起偏僻与贫穷，然而在自然、文化与历史上，这样的岛屿却保存着丰富的传统。我本人也曾在濑户内海中心的孤岛——大崎上岛，度过了初中时代，所以了解人们对孤岛的偏见。孤岛无论在经济上、文化上都拥有其自律的整合性与循环性，可以说，其文化的积淀功能超越了本土。在孤岛上，木匠是油画家，鞋匠是书法家，神社的主祭是乡土史家，整个地区形成了教育与文化的共同体。百岛也不例外。

为我准备这次造访的是去年上任的百岛幼儿园园长、中小学校长小柴克彦老师。小柴老师在两年前曾去过茅崎市滨之乡小学，对该校的学校建设深有感触，构想了百岛幼儿园与中小学的“学习共同体”的愿景，作为“尾道教育计划——21 世纪的学校建设”的推进事业，展开研究。这一天是公开研讨会，同我一道乘快艇来的约五十名县内教师参加了这次公开教学研讨会。

## 二、“优质学校”的条件

六年前在栈桥上用鲜花迎接我的两名幼儿园女孩，现在已经是小学 6 年级学生了。如今登记在册的有六名幼儿园儿童、十二名小学学生、十七名(其中有八名是岛外的走读生)初中学生。幼儿园和小学原本就是并设的。小学与初中合并之后，儿童享有共同的校园，教师也享有共同的教职员室。百岛幼儿园与中小学是一所把四岁幼儿至初中生总共三十五名的学生集中在一起的幼、小、中一贯制教育的学校。作为幼、小、中一贯制教育的具体化，小柴校长与教师们基于三个项目——“学力项目”、“心灵项目”和“幼、小、中一贯教育项目”，开展以“交响”为题的教学创造。这些项目的研究是由广岛大学的神山贵弥、井上弥两位副教授负责指导。

我走进教室，观摩课堂教学。这一天的公开教学分为幼儿园、小学 1、2、3 年级的跨年级教学，4、5、6 年级的跨年级教学和初中全员的跨年级教学。另外，第三节课是幼儿园与小学 1、2 年级一起相互学习的幼小合作的教学，以百岛的特产——蜜橘，作为综合学习的课题来展开的。

所有课堂教学的精彩场面出乎我的预料。坦率地说，每一个教师与儿童的关系以及教材处置的方法尚有值得改进之处，但这些课堂大多超越了具体教学方法的弱点，依靠整个课堂与整个学校"合作学习"的基础，促进了稳定而优质的学习与儿童的成长。幼儿与小学低年级儿童聚焦"蜜橘的神奇"，通过蜜橘浴池和蜜橘皮去污等活动展开的体验性学习；小学高年级学生通过听取传承神乐的老人的回忆而展开的综合学习，以及从聆听女高音歌唱家美兰妮·赫里迪（Melanie Holliday）出演的中学生歌剧开始，到自身挑战《音乐之声》歌剧[1]的中学生的综合学习，所有这些都生动地体现了每一个学生学习、成长的面貌，是扎扎实实的教学实践的成果。

午休时间，幼儿、小学生和初中生全员演出"百岛拉网小调"，从四岁到十五岁儿童以"八幡神社"的"百岛儿童会"庆典的幸福姿态，展示了雄浑的舞蹈，表现出全体儿童精诚团结的面貌。从年幼儿童到初中生，他们是那样步调一致、英姿勃发。

教师们也是同样。该校的幼儿园、小学部、初中部的教师共用一间教职员室，初中教师兼任小学的教务。所有教师打破了各自的边界，同儿童打成一片，共同推进研修活动。课例研究每年在五十次以上，并且有一百五十课时的教学评议时间。

观摩百岛幼儿园·中小学的课堂教学，不能不令我感叹于这所学校已经具备的作为"优质学校"的一切条件。第一，该校是小型学校，实现了教师、儿童、家长、社区人士面对面沟通的共同体。儿童被视为"百岛之宝"，任何一个儿童都会在社区人士的关怀下成长。教师、儿童、家长的人数总共不到百名，这种规模的学校结成了名副其实的共同体。其亲和性和自然性是令人羡慕的。第二，该校是拥有百岛的过去、现在与未来而形成的。学校绝不是一个真空地带。受惠于社区的历史与文化的深厚积淀，学校的运营与社区人士的日常生活息息相关，也与未来的希望紧紧相连。在这种条件下，这所学校自然能够充分地发挥其教育功能。从这个意义上说，百岛幼儿园·中小学获得了最佳的条件。

## 三、卓越性的追求

可以说，百岛幼儿园·中小学的教育达到了日本学校教育的最高水准。不仅百岛幼儿园·中小学，而且在全日本的偏僻地区存在的许多学校也同这所学校一样，实现了优质的教育。一般说来，处于偏僻地区的学校总有诸多负面的因素。确实，偏僻地区的学校曾经是教育落后性的象征，恶劣的条件衍生了诸多的问题。不过，如今偏僻地区的学校已是今非昔比了，其教育的先进性与高质量是值得我们夸耀的。

↑幼儿、小学生和初中生一道演出《百岛拉网小调》。

例如，百岛幼儿园·中小学的学力水准是出类拔萃的。在全日本标准诊断性学力测验(NRT)中，初中的英语、数学与国语三科的平均偏差值是55，小学的国语与数学两科的平均偏差值是60。另外，根据广岛县的“基础学力”现状调查，初中的国语、数学、英语三科的平均分数高于县平均分数16%，小学的国语与数学两科的平均分数高于县平均分数20%。

这个好成绩的取得受惠于偏僻地区的若干优越条件。第一个优越条件是小型学校。这使我想起欧洲“经济合作与发展组织”(OECD)的国际学生评估项目的测试(2000年PISA测试)。居第一位的芬兰，其小学的平均儿童数是六十五名上下，居第二位的加拿大和第四位的澳大利亚从人口比看也是拥有广大面积的国家，它们也是小型学校众多的国家。

第二个优越条件是复式班级。以往提起复式班级总是议论其负面的东西。不过，进入21世纪，伴随着从产业主义社会走向后产业主义社会，注重知识与学习的“质”甚于“量”的时代到来了。复式班级的学习获得了新的价值。在欧洲“经济合作与发展组织”(OECD)的国际学生评估项目(PISA)测试中，芬兰、加拿大、澳大利亚等这些小型学校多、复式班级多的国家，获得了高分。复式班级的教学方式在二次反复学习同样内容这一点上，“效率性”是低劣的，然而在“发展性”上却是优越的。百岛幼儿园·中小学的复式班级是按照高年级的水平进行教学的，从而实现了优质的具有发展性的学习。可以说，其成果就是遥遥领先的高学力。

第三个优越条件是项目型学习。谁都知道，在PISA测试中获得优异成绩的芬兰的中小学，就是在复式班级的基础上寻求项目型学习的。当天，百岛幼儿园·中小学公开教学中展示的课堂全都是寻求项目型学习的课堂。拥有多样能力与个性的儿童共同地聚焦一个主题展开的项目型学习，是形成高水准学力的基础。

当然，百岛幼儿园·中小学的教育并不是完美无缺的。教师们尽管在寻求复式班级中的项目型学习，但是，很难说摆脱了“黑板+粉笔”的传统课堂的框架。我想，儿童的学习需要更加突出“活动性”和“合作性”。尽管存在着这些问题，但该校的改革实践却鲜明地体现了作为21世纪的“学习共同体”的学校愿景，这是确凿无疑的。

## 四、对未来的憧憬

在夕阳余晖下的栈桥上，儿童们与岛上的人们聚在一起，同我们依依惜别。我的手上握着二十九名孩子的彩带。快艇慢慢地驶离了栈桥，夕阳下，二十九根彩带在海上划出了巨大的弧线，再现了六年前那激动人心的场面。我们回应着一直在栈桥上招手的孩子们和岛上的人们，同时在心中祈愿：积淀着千年历史的这个岛屿的文化，一定会借助教育，在未来的岁月里传承下去。

濑户内海的晚霞美丽无比，我再次感到是这里的水土风情养育了我。在快艇上，我从许多来访的教师们口中听到了各学校不容乐观的现状的描述。面对不同于百岛幼儿园·中小学的学校现实，这些教师每日每时都处于心灵的挣扎之中。“请到××市来”“请到我校来”——他们向我发出了出自肺腑的邀请。广岛县的中小学在这十年间一直处于混乱的教育改革的漩涡之中。这种混乱至今依然如故。这是发自养育我的故乡的教师们的心底里的呐喊，令人刻骨铭心。

回首望去，百岛已消失在茫茫夜幕里，但岛上的人们对于学校的热切期盼仍然回响在我的心头。小柴校长说得好：“只要我们的教师贴近儿童、恪尽职守，学校的再生绝不是梦呓。”——在这句话里，分明寄托着人们对于未来的憧憬与希望。

**译注**

① 该歌剧描述奥地利的屠拉普侯爵一家钟情于歌曲，遭纳粹迫害，与家庭教师玛利亚一起逃亡的故事。1985年被拍成电影，享誉全球。

# 20

## 从教学创造到学校改革

静冈县热海市立多贺初中

### 一、"合作学习"的发展

2004年10月7日,我造访了热海市立多贺初中。这是一所拥有二百九十五名学生的中等规模的学校。从新干线的热海站驱车沿着海岸线约莫5分钟即可抵达。多贺地区位于热海市与伊东市的中间地带。作为观光都市的热海受到经济萧条的直接冲击,多数居民从事温泉街的观光业和饮食业的多贺地区亦不例外。这是我的第三次造访。每次的造访使我了解到一个严酷的现实:观光业的萧条带来家庭的崩溃,作为弱者的儿童处于困境之中。

多贺初中着手改革是在一年半前的2003年4月。当时到任的校长深泽干彦老师,曾参观过富士市岳阳初中,受到创建"学习共同体"的学校改革的触动,并且得到岳阳中学佐藤雅彰校长(当时)的帮助,成为该校着手改革的契机。他们从所有教师向同事开放课堂、展开教师研修做起。在六个月后的2003年10月,所有课堂的课桌椅都开始按照U字形排列。

我最初造访该校是在2003年的11月。着手创建"学习共同体"的半年之后,就产生了所有学生参与课堂教学的情形。第二次造访是在今年的五月份。尽管教师的声调和动作令人感到有些僵硬,但在每一间教室里,学生们已经掌握了"活动性、合作性、反思性学习"了。这种改革的速度是令人惊叹的。当然,小组学习中的"合作"在许多教室里未必那么有效地发挥作用，也是事实。

小组学习中的“合作学习”之所以难以形成，其原因大体有三个。其一，小组的人数过多。“合作学习”关系尚未完全形成时小组人数以三人为宜，而成熟的场合以四人为宜。而在多贺初中，即便学生已是初中生，要在六人的小组中保障每一个学生的“合作学习”是困难的。

其二，是小组男女生的构成。要实现“冲刺与挑战的学习”，需要男女生混合编组。在纯粹由男生或是女生组成的小组中难以形成“合作学习”关系，也难以形成“冲刺与挑战性的学习”。饶有趣味的是，即便是男女混合编组，若是三男一女，是没有问题的；但若是三女一男，“合作学习”关系就难以形成。

其三，小组学习的课题过于简单。引进小组学习的目的在于，借助同学之间的合作，对一个人难以学习的课题与内容展开挑战。每一个人的“冲刺与挑战的学习”，借助小组学习的“合作”是最容易达到的。然而，在小组学习中，几乎所有教师都没有设定难以挑战的高水准的课题，而往往是设定无需“合作”与“挑战”的过于简单的课题。不要忘记，小组学习成功的秘诀之一就在于高水准课题的设定，在挑战高水准的“合作学习”之中，实现“相互倾听的关系”和“返璞归真的教学”。

在第二次的造访中，为了激活小组学习中的“合作学习”，我就以上三点提出了改革建议。这次是我的第三次造访。在深泽校长的陪同下，我观摩了所有的课堂。

## 二、“合作学习”起步之后

该校每个年级有三个班，加上残疾儿童班总共有十个班级。我看到，无论哪一间教室，每一个学生都在以积极的姿态参与教学。在巡视了课堂之后我确信，在保障每一个学生的学习权这一点上，多贺初中同岳阳初中并驾齐驱，同样实现了“学习共同体”的学校改革。这不过是实施改革才一年半的光景。那么，他们为什么能够实现如此快速的改革呢？

解开这个秘诀的关键之一，是文化节一个宣传栏里的照片和话语记录，它们都被张贴在了靠近办公室的走廊里。研修主任庄司朋广老师执教的2年级C班在文化节中以“合作学习”为题，用即兴剧的形式，展示了他们自4月以来的半年内班级同学之间的“合作学习”是如何发展的。在结语部分，一位男生这样写道：

“合作学习起步之后，不知为什么，迟到的同学减少了。

合作学习起步之后，不知为什么，辍学的同学减少了。

合作学习起步之后，不知为什么，学习的成绩提高了。

合作学习起步之后，不知为什么，同学的笑脸增加了。

合作学习起步之后，不知为什么，学校的生活快乐了。”

↑英语课堂的小组活动。

据说，这段感言博得了全校同学的喝彩。深泽校长和该校的教师也无不为这个发言而惊叹和感动。因为，发表感言的这位男生直至去年一直是辍学的学生。事实上，通过“学习共同体”的创建，多贺初中辍学的学生急剧减少。两年前还是两位数的辍学生到去年减少至八名，今年已是零了。当然，在拥有大量的复杂家庭背景学生的该校，被称为“辍学癖”的学生是不少的。不过，这些学生也同样受到同学和教师之间的关系所支撑，每天都在坚持学习的挑战。这位男生在学校文化节中发表的这段感言，雄辩地说明了该校教师和学生齐心协力创建“学习共同体”的成果。

多贺初中酿造了这种戏剧性变化得以产生的土壤。我通过这次造访，在真切的感受与莫大的冲击之中充分地体会到了这一点。课堂里学生们“合作学习”的姿态如实地反映了这种变化。但不仅是这些。多贺初中的学生给人以朴素、率真的印象，学生的言行举止温文尔雅。“学习共同体”的创建是名副其实的“共同体”的创建：形成了人人得以安心学习生活的环境；形成了自然的作为与密切的沟通。所有这些，都是支撑课堂学习的要素。这一天，从走进校门开始，我一直感受到学生们寒暄与交际中的自然与友善。这个事实表明，这所学校的改革出乎我的想象，在波澜不惊地进行着。

## 三、校本研修的改革

这一天的校本研修，是内田胜之老师执教的3年级C班的数学课的教学问题研讨，课题是“二次方程的应用”——从边长15厘米的正方形$ABCD$的左下顶点$B$出发，点$P$以每秒1厘米的速度朝$C$顶点向右移动；从右上顶点$D$出发，点$Q$以每秒1厘米的速度朝$C$顶点向下移动。$X$秒后的$\triangle QBP$的面积用$S$表达，求何时这个三角形的面积达18平方厘米。[①]内田老师为使学生能够可视化地认识这个课题，在几张纸上画出显示$X$秒后点$P$与点$Q$的图示，并像连环画剧似的连续操作演示给学生看。

这个课题对于学生而言是一个难题。通过内田老师的图示操作的提示，首先让每一个学生在纸上模仿作图，通过这个作业来理解问题的含义。默默地专注于作业的时间一过，就让大家交流各自的发现。通过小组讨论，挑战这个难题的活动开始了。这一天，内田老师在学生小组讨论之前给出了正解式，说“在兄弟班级有用这种解法解决问题的”。这是立足于这个问题对学生而言太难的判断而作出的苦肉计。

多贺初中的教学研讨会，一节课的教学要花上一个半小时进行讨论，围绕课堂学习的事实进行细致观察的交流。通常的中学教学研讨会往往是以教材内容的议论、教师教学技巧的是非作为话题的中心展开的。这种方法往往会形成观摩者向执教者提出“建议”的单向关系，学生的学习事实的研讨却置之不顾。在多贺初中，为了克服这个弊端，规定了“研修三视点”，即：

1. 在什么场合才能形成学习？
2. 在什么场合可能会困惑，为什么？
3. 自己（观摩者）通过这节课学到了什么？

借助“研修三视点”的讨论，执教者并不拘泥于上课的优劣而能够直率地学习，观摩者也能从观摩教学中学到许多东西。

这一天的校本研修也是依据“研修三视点”展开的。在一旁坐着的我，越听越有趣，课堂里发现的现象与印象得以交流，每一个教师观察到的微小现象的意义得以连接，就像编织成了一件毛衣似的贯通起来，这就是“沟通”。正因为催生了教师之间的这种交响的学习，才实现了多贺初中如此快速而稳妥的课堂改革。

当详尽地观察了校本研修中教师之间的讨论之后，我确信，他们是贯彻了如下“三原则”的：第一，尊重每一个学生的学习权；第二，尊重教材的内在发展性；第三，尊重教师自身的哲学。借助这个“三原则”，教学的创造性与学校的改革就一定能够结出累累硕果来。

围绕内田老师课堂教学的论题——教师提示“正解”实例的是非；X这一文字具有的定量与变量对于学生而言的难点；作为“合作学习”关系的前提，不懂的学生向旁边的同学发问“喂，这里该怎么办”的询问习惯形成的重要性——大家都一一作了细致的讨论。通过这些讨论，教师们赞叹内田老师并不流于简单的课题，而是借助多少有些难度的课题，同学生们一道展开挑战。这是一个充满充实感与切磋氛围的出色的研讨会。

## 四、成为改革的基地

出席这次研讨会的，有热海市教育局长、教育委员会指导主任、热海市和伊东市校长以及市内外的教师约四十名。在一个月之后的公开研讨会前夕，每月例行的校本研修也有市内外教师的来访。这对多贺初中师生都是莫大的激励。对于教学改革成为必须课题的初中教师而言，学习多贺初中那样挑战改革的学校事实、并交流改革的经验，是无比珍贵的。

给造访的教师们留下深刻印象的是，走廊里到处挂满的记录课堂中学生“合作学习”的一张张照片。以小组的“合作学习”的情境为中心拍摄的这些照片，自豪地展示了各自课堂中的“合作学习”的进展，标示着整个学校作为“学习共同体”在脚踏实地向前迈进的事实。他们从岳阳中学的教学改革中取得真经，在所有课堂里引进“三要素”——①作业；②小组合作；③基于表现的相互分享——是在一年半之前，此后每日每时的经验积淀支撑了所有这些改革。

最后，不得不提到主导多贺初中改革的深泽校长的领导作用。深泽校长是一位儒雅、睿智的名校长。对于每一个学生的灵活纤细的关照与对于教师教学的专家意识这一点上，深泽校长得到了来自学生、教师和家长的绝对信赖。我想，这样的校长哪怕增加一位，也会成为学校改革的莫大推进力。在热海市诞生多贺初中这样一所改革的基地学校，实在是不同凡响。

**译注**

① 1. 从边长 15 厘米的正方形 $ABCD$ 的左下顶点 $B$ 出发，点 $P$ 以每秒 1 厘米的速度朝 $C$ 顶点向右移动；从右上顶点 $D$ 出发，点 $Q$ 以每秒 1 厘米的速度朝 $C$ 顶点向下移动。$x$ 秒后$\triangle QBP$ 的面积用 $S$ 来表达。求何时这个三角的面积达 18 平方厘米？

如图 5，$\triangle QBP$ 的面积

$$S = \frac{1}{2}BP \cdot QC$$
$$= \frac{1}{2}x(15 - x)$$

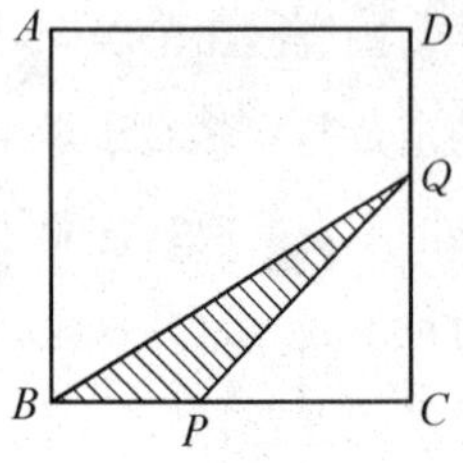

图 5

根据题意列方程

$$\frac{1}{2}x(15 - x) = 18$$

整理得

$$x^2 - 15x + 36 = 0$$

解得

$$x_1 = 3(\text{秒}), x_2 = 12(\text{秒})。$$

2. 点评。

顾泠沅教授点评说："这是一个二次方程的应用题，特点在于把动点列式与图形面积联系在一起。对于不同学习基础的学生，其难点所在很不相同，至少有三种情况：1. 字母 $x$ 既表示一个确定的量(如 3 秒、5 秒)，又是一个在一定范围内的'变量'；2. 已知三角形面积为 18 平方厘米，列方程解出时间 $x$(且有两解)；3. 讨论自变量 $x$ 与三角形面积 $S$ 之间的函数关系。通常的教学研讨，常忽视了对学生学习事实的观察与分析，只是以知识内容、教学技巧为话题而展开，给执教者以'单向指令'的建议，因此无法从学生实际困惑的场合中形成学习，这是当前校本研修的一大弊端。事实上，如果学生处在第 1、第 2 种情况，老师为使学生能够可视化地认识这个问题，可以在几张透明纸上描画显示 $x$ 秒(如 3 秒、5 秒……)后点 $P$ 与点 $Q$ 的图示，这些图示像演戏似的连续操作演示给学生看，他们便能明了；如果学生处在第 3 种情况，则可抽象一点，与学生一起讨论 $x$ 的取值范围、$S$ 的变化情况，包括何时增加，何时下降，还有极大值与最小值等，通过数形结合促进理解。由此可见，尊重每一个学生的学习权，尊重教材内容的发展性，对于教师的研修活动而言，关系何等重要。"

# 21

## “合作学习”的教学创造

大阪市东大阪市立小阪小学

### 一、都市郊外的学校

2004年11月20日，我参加了东大阪市立小阪小学的公开研讨会。接受该校南光弘校长的邀请是在三年前。南校长和该校的教师们在四年前造访了茅崎市滨之乡小学，从三年前开始效法“滨之乡模式”，挑战“学习共同体”的创建。在其后的两年间，我一直受到南校长的邀请，但由于日程安排的缘故而不得不作罢。

近年来，我平均每天会接到三所以上学校的邀请，每年超过了一千所。而且，几乎所有的学校都在推进“学习共同体”的创建。尽管我想为所有学校出力，但由于公务上的关系，无论怎么张罗，一年内充其量只能造访一百所学校。特别是从去年开始，大学法人化实施之后不久，我开始担任东京大学教育学部部长，繁忙的工作使得能够造访的学校顶多七十所而已。不过，这一年是南校长退休前的一年，无论如何我是想接受小阪小学的邀请的，但有空的日子只有星期六。于是小阪小学将公开研讨会设定在星期六，使我终于能够如愿以偿。

之所以无论如何得去小阪小学，有这么几个理由。一是同南校长会面时给我的第一印象。一见就可以感到他是一位有着温和人品、强韧意志的人。我确信，这位校长一定是尊重儿童的学习、支撑教师的成长的校长。二是该校位于大阪府。东京都和大阪府等大都市及其郊外的学校改革极其艰难。任何国家大都市的学校都有着众多的难题，教学水准低下。这种情形在日本亦不例外。在这些困难的地区，创建“学习共同体”的改革是如何进行的，需要从更多一些的案例之中学习。

小阪小学位于东大阪市的中心、司马辽太郎纪念馆的附近。该校是市内最古老的学校。从1873年(明治六年)创办时的一百二十六名儿童成长为今日三百六十二名儿童、二十七名教职员的重点中等规模的学校。亲子二代同读该校的家庭也不少，学校与社区之间的关系密切。

上午9时半一到，就有众多的参观者前来。这一天，来访的人数约有一百六十名，也有从遥远的北九州前来的教师。

## 二、基于课例研究的学校建设

我在南校长的陪同下观摩了各个教室。走进每一间教室，并没有感到这是大都市郊外的学校，儿童们的姿态是轻松自然的，而且，该校已经进行了五十次以上的课例研究。观察一下儿童的学习姿态，就可以推测出这所学校的课例研究是如何走过来的。在小阪小学，从三年前开始，所有的教师都公开自己的课堂，从事课例研究，以课堂的“倾听关系”的创建为基础，推进“合作学习”关系的创建。

学校只有在内部才能发生变革。为了从内部发生变革，每一个教师就得向同僚开放自己的课堂，基于课堂的事实，建构“合作学习”的同僚性。小阪小学的“学习共同体”的创建是以所有教师的课例研究为基础来推进学校改革的。这个成果，从每一个儿童的“合作学习”的姿态中得到了鲜明的表达。不仅如此。每一间教室里张贴的儿童的美术作品是出色的，其中也有长年在该校任教的美术教师的帮助。该校每一间教室里展示的反映儿童个性的精彩作品，给人留下了深刻的印象。

不仅是小阪小学，大凡推进“学习共同体”创建的中小学都以基于高水准的美术与音乐的艺术教育为其特征。儿童们的作业是认真的，儿童的学习与教师的实践是富有创意的。基于细腻感性与娇嫩情感的交融的共同体的创造，在艺术教育领域也带来了优异的成果。基于艺术的情感交流是创建“学习共同体”的推进力之一。

尽管公开研讨会吸引了众多的观摩者，但教师们仍然镇定自若。在任何一间教室里，日常的课堂教学是返璞归真的，儿童与教师也是淳朴自然的。小阪小学为了实现教学改革，效法滨之乡小学，校务分工采用“一岗一人制”，每月召开一次会议，以充分确保“同儿童一起学习的时间”，同时也可以充分地确保教师进行学习讨论的“教学研修会”。再者，为了提高教学质量，上午 95 分钟的教学分成两段，用上、下课的铃声来区分第一、二节课与第三、四节课，借以实现集约性的学习与灵活的课时安排。这样，就形成了在课堂中根据儿童的视点使用教材的时间。

研修的课题不是学校统一规定的，每一个教师根据自身情况设定研究课题。公开教学课的讨论也是根据各个教师的研究课题来展开。南校长同样是作为执教者参与讨论。南校长笑着说，我把司马辽太郎的文章当作道德教育的教材进行了公开教学，被教师们“毫不留情地修理了一通”。

回想起来，滨之乡小学的大濑敏昭校长、小千谷市的小千谷小学与长冈市长冈南中学的平泽宪一校长、富士市的广见小学与岳阳中学的佐藤雅彰校长，都是亲自执教挑战公开教学的校长。校长作为执教者与教师平起平坐地展开研究，促进了同僚性的构筑，有力地推进了“学习共同体”的创建，南校长也是能够与执教的教师融为一体的出色的校长之一。

↑4 年级(2)班森田真纪老师的课堂情景。

## 三、调动“这个孩子”的学习

小阪小学在“调动这个孩子的学习”的口号下推进着教学的创建。这是一场着眼于每一个学生的学习，连接有差异的个体之间的学习，从而挑战“学习共同体”的创建。这一天的下午，是4年级(2)班的森田真纪老师的道德课与5年级(2)班高桥律子的国语课的公开教学，围绕这两堂课的校本研修的情况也向观摩者公开。

森田老师的道德课雄辩地说明了小阪小学学校改革的成果。森田老师的研究课题是“形成每一个儿童自己的思考，在交流中加深思考的教学创造”。她借助自编教材——《一张仿造纸》，来实践“宽以待人”为主题的道德课。故事的梗概是：一个男孩(弘)不小心把脏水洒到了班级制作报告时使用的仿造纸上。班上一个女孩(洋子)以气势汹汹的口气责怪他，接着愤然奔出了教室。第二天，洋子面对那位重新书写制作好了仿造纸的弘，感到无地自容，心中隐隐作痛。

整堂课按照三个情节——①弄脏了仿造纸的弘；②无视弘的道歉，愤然奔出教室的洋子；③第二天，一个人重新书写好仿造纸的弘——从思考洋子的心情与行为来展开。上课伊始，就觉察到儿童们的了不起了。每一个儿童都是温柔而诚实的。他们倾听每一个人的发言，认真地作出回应。森田老师的应对并不复杂，不过是认真地听取每一个儿童的发言，不时重复一下发言的内容而已，然而却真真切切地感受到，在每一个儿童与森田老师之间的“接发球技巧”是何等的心有灵犀。

这种师生交融的应对关系，自然是从森田老师真诚地接纳每一个儿童的发言之中产生的。尤其对一些不谙“接发球技巧”的儿童，森田老师也能够及时地作出“接球”与“发球”的回应。这样，儿童安稳的学习才得以持续展开。

令人佩服的是，儿童们发言的连贯性。乍一看来，儿童们一个接一个的发言都是在表达自己的发现。但这些发言贯穿了一根红线，体现了思考的进展。而且，在这种发言的线索之中，以难以参与课堂学习的俊夫的发言与执着己见、不擅长“合作学习”的和子的发言作为契机，活跃地展开。积极地吸纳不同的思考，与不同的思考展开对话——这是儿童们掌握了“合作学习”的明证。

我特别惊异于森田老师竟然是一位从教才第二年的教师。观摩她的课，无论如何想象不出这是一位初出茅庐的教师。森田老师在课堂上对于儿童的应对是恰到好处的。在她的课堂里，儿童的“合作学习”是充实的。

可以说，年轻教师的飞跃成长是创建“学习共同体”的学校改革的一大乐趣，而森田老师则是获得这一恩惠的年轻教师的一个典型。她对于儿童学习的真挚的姿态与作为教师的素质与能力是非比寻常的。这是她所在的小阪小学全体教师通过课例研究培育的结果。年轻的教师唯有打破先入观与扭曲的经验的束缚，才能在创建“学习共同体”的改革中茁壮成长起来。

## 四、实实在在的同僚性

在观摩了两堂课之后的教学研讨会上，日常的校本研修的情况也原原本本地公开了。森田老师的课例研究进行了约一个半小时，高桥老师的课例研究约为一个小时。对于两个课例研究，校内所有的教师都提出了建议，这些建议反映了小阪小学“学习共同体”建设的特点。任何一个教师都能基于对儿童的细致观察作出发言，每一个教师都能运用自己的话语来表达自己通过观察课堂的所学。

通常提起课例研究，往往是观摩者根据自己的教学观作出“什么地方不该怎样”之类的点评。不过，在小阪小学的课例研究中则是详细地分析课堂中儿童学习的事实——哪些地方的学习是成功的，哪些地方的学习碰到了困惑。观摩者对执教者也不是作出什么“建议”，而是从课堂的事实出发，交流“观摩者学到了什么”。小阪小学的教师们是“学习的能手”，对于同僚性的关切与学习者的谦逊，使得课例研究魅力无穷。

推进“学习共同体”创建的教师们并不是把一年内数十次的课例研究当作“上好课”来追寻和积累的。因为，作为教师的责任、学校的责任并不是在于“上好课”，而在于保障每一个学生的学习权，保障每一个学生去挑战学习。

在讨论中，森田老师问道，“怎样才能引导学生挑战更高水准的学习呢？这一点我并不明白”。这个问题问得好。确实，在森田老师的课堂教学中要求儿童们“挑战”一个又一个新水准的学习。不过，形成挑战性学习的契机究竟在哪里呢？

我指出，森田老师每当接纳儿童发言之际，就应当在黑板上板书，点明各个发言之间的“关联”。为使儿童的发言获得更加能动的关联，森田老师在倾听儿童发言之际就得从三个维度加以倾听：

——该发言同教科书内容的关联。

——该发言同其他儿童发言的关联。

——该发言同其先前发言的关联。

同时指出，在“挑战”学习之前需要“回归”小组“合作学习”的指导。

这些，或许就是对就职才第二个年头的森田老师高水准的要求。不过，从小阪小学创建“学习共同体”的成绩看来，可以说，我的这个要求绝不是苛刻的。我确信，三年来推进“学习共同体”创建的小阪小学，能够“挑战”更高水准的学习，创造出更多的佳绩。

# 22

# 教师"合作学习"学校的建设

兵库县高砂市立北滨小学

## 一、高砂市的举措

2004年9月30日，我参加了兵库县东砂市立北滨小学(校长山西顺子)的公开教学研讨会。高砂市着手创建"学习共同体"的改革是在四年前。如果没有当年同教育委员会学校教育科主任(现任指导股长)玉野有彦老师的会面，就不会有今日同高砂市学校改革的交流。

高砂市创建"学习共同体"的举措，其特征就在于以教育委员会学校教育科为中心、以全市所有学校为基础加以推进。如今，十所小学中有八所、六所初中中有一所，在推进所有教师每年举行一次公开教学的"学习共同体"的创建。从其他地区的教师看来，这是令人羡慕的。但玉野老师的烦恼在于"在初中并没有得到落实"。确实，从负有全市教育责任的指导股长的立场看来，他或许担心初中创建"学习共同体"的改革的不落实。不过，仅仅四年间的创建"学习共同体"的改革在十所小学中普及了八所，可以说是划时期的成果。推进"学习共同体"的学校改革的核心永远是那些值得我们尊敬的教师。正是他们，把融汇了改革愿景、改革哲学与沉着意志的改革具体化为改革的实践。玉野老师就是其中之一。同玉野老师的会面是在五年前，不过，在这之前玉野老师就走访了我们的学校改革的现场了。"迎头赶上"——玉野老师一边自我解嘲，一边专心地考察创建"学习共同体"的案例，具体学习改革的策略。通过"学习共同体”的创建，课堂变了，学校变了。这个事实，正是他在高砂市推进学校改革的源源不断的活力的源泉。

高砂市教育委员会把北滨小学设定为“学习共同体”的第一个基地学校，是在2000年4月。此后，许多指导主任造访了茅崎市滨之乡小学、富士市岳阳初中。他们把学到的改革经验传播给全市的小学与初中，并且借助校长与教师的合作关系，化为学校改革的行动。

## 二、以学校为基地

北滨小学承担着整个高砂市创建“学习共同体”的基地学校的作用，其推进力就是研修主任冈崎修一老师。冈崎老师同玉野老师一样，尽管都是比我年轻一轮的青年教师，却都是令人崇敬的教师，有着丰富的教学经验和坚定的改革意志。北滨小学的改革道路并不平坦，在作为研修主任的冈崎老师的坚忍不拔的举措和作为指导主任的玉野老师的合作之下，在三年后的2003年11月作为改革的基地学校，举办了自主的公开教学研讨会。冈崎老师一想起我的建议——“改革必须缓慢地进行”，就会无时无刻不告诫自己，“慢些，再慢些”。

在第一次公开教学研讨会上，植田育峰老师的《大造爷爷与癌》的课是压轴戏。因为，儿童们的“合作学习”的事实，充分展现了该校从“相互倾听关系”与“相互学习关系”出发，走向“人人安心学习的学校建设”的改革成果。每一个儿童之间的多元阅读和彼此交响的“合作学习”的进行，催生了每一个人基于同课文内容的细部与深部的对话的合作阅读的快乐，博得了执教者植田老师和观摩者的惊叹。

北滨小学的“学习共同体”创建的基础，在于每年数十次的教学研讨会。该校在校本研修中贯穿了如下的原则：

1. 运用课堂录像展开教学研修。
2. 探讨儿童发言之间的关联性。
3. 探讨“合作学习”是如何形成的。
4. 实现重视执教者意图的建设性对话。
5. 全体教师用一句话表述自己的感想。

为了整顿课堂环境，撤除了讲台，把儿童用的课桌椅摆在黑板前面。教师以和儿童同样的视线来组织教学。教室的一角设置“花坛”，以美化儿童课间休息与交流的环境。冈崎老师所说的“慢些，再慢些”的改革在脚踏实地地展开。

本年度的公开教学研讨会点评者是石井顺治老师（四日市市常盘小学原校长）与我。一到学校，我就在山西校长的陪同下同石井一道走进教室观摩。“人人安心学习的学校建设”这一公开研讨会的主题，在所有课堂都得到淋漓尽致的表现。这一年来的进步是显著的。每当我造访学校，就会想到，与其是几个教师的“出色的讲课”，不如像北滨小学那样，在每一间教室里都公开日常的教学，所有的课堂里都保障每一个儿童的学习权，所有的教师都致力于教学的创造，来得更加珍贵，更加精彩。然而，这种精彩能够传递给两百多名观摩者么？

## 三、从课堂的事实中学习

下午，2 年级教室里小川惠美老师执教的国语课——《橡树与动物》，理科教室里以 4 年级学生为对象的田中雅博老师上的课——《空气与水的性质》，都是研究协议会组织的公开课。

←压缩注射器中的烟火的实验。

→压缩软糖的实验。

田中老师的课可以说是北滨小学教学改革的典型，令人印象深刻。继去年植田老师的公开课引起强烈反响之后，田中老师决心“下一次自己也挑战一下公开课”，并期待我来“观摩并作出评点”。他们对于教学改革的这种钻劲，正是北滨小学的教师们在这四年间培育起来的共同财富。

田中老师坐在能够平视儿童的椅子上，在沉稳的声音——“上课”——中开始了课业。田中老师提问道：“气枪的子弹为什么会飞的呢？”芳树（匿名，下同）答道：“子弹受空气的推压所致。”接着，正子、仁美、理惠、雅美相继发言，表达了大体相同的见解——“受空气力量的推压”。这时，田中老师给学生分发白板，要求在白板上“用词语和绘画来表达自己的见解”。男女生四人混合编组，把各组的见解归纳起来写在白板上。从这个作业的状态，就可以察觉田中老师是如何致力于“合作学习”关系的创造了。每一个学生的作业不仅是自然而然地进行的，而且一时间尚未归纳出来的儿童，也能把没有把握的见解跟同学进行交流。这是真真切切的。看看任何一个小组，可以发现细心切磋的交流，而且在其中体现了每一个学生多样的个性思考。这种浑然天成的状态是值得一看的。

在整个作业进行阶段，田中老师走近感到作业困难的学生跟前，弓着身子，认真倾听这些学生的想法。田中老师并没有立刻作答，而是把这些学生的问题与困惑同小组内其他学生的见解联系起来。正是这种细腻性培育了相互学习的班级。运用发给每一个人的白板的创意是出色的。不仅借助词语展开科学的探究，而且用绘画来表达科学现象的创意也是出色的。通过这种作业，从一开始五名学生的发言大体都是同质性的见解，到逐步的多样化和异质化。“子弹受空气的推压”这样一种同质性的见解，一旦用更加细腻的绘画与词语来表述，就显出微妙的差异来了。“学习”，就是从发现微妙的差异开始的。

田中老师在检查了几乎所有学生写好的白板之后，要求大家出示各自的白板并说明各自的想法。第一个说明的是和子，她用绘画说明了气枪中受到压缩的空气把“小小的子弹”“推出”的状态。接着是明子，用“空气被挤压”来表述。玉枝画了一支气枪，添上了“紧紧地挤压”的题词；俊哉出示了标有“推挤游戏”一词的一幅画，表现“以顶回去的力量发射子弹”的状态。然后是伦子，在同意上述的表述的同时，用图示——以小小的圆球的集合表示气枪中的空气，以大大的圆球的集合表示同子弹一道射出的空气——来说明。听了这些发言之后，康雄抱着白板站起来，说道，“空气的力，往这边、往这边、往这边、往这边推压”，强调气枪中的“空气的推压力”并不是单向的。康雄发言之后，全班接二连三地议论起来，“往这边推挤，往那边推挤”，“完全是紧紧地推挤造成的结果”。

从康雄的发言开始，探究活动进入了下一个环节。气枪中的空气究竟是怎么一回事呢？田中老师取出线香与大的注射器，说道："试试看？"学生们领会了老师的意图，着手压缩空气的实验分四人一组，往注射器中灌满线香的烟，进行压缩之后注射器中的白烟变浓的实验。实验大体告一段落之后，田中老师让学生聚拢过来，再亲自演示给他们看。田中老师用力推压注射器，注射器中的白烟变浓了。"哇，白的！""厉害，变了！"——欢声一片。

田中老师说道："想再看看里面的样子吗？"有人提出"塞进海绵试试"。于是，大家分组接着做把海绵塞进注射器中的实验。学生们看到海绵被压缩的样子，说道："像果汁软糖似的。塞进果汁软糖如何？"田中老师作了周到的准备，分发果汁软糖给大家，让他们观察果汁软糖在注射器中被压缩的实验，感动与喜悦此起彼伏。周全地准备好了海绵与果汁软糖的田中老师在课后说道："我预测到学生们会想出这些主意。"在与学生们平等地展开课堂教学的田中老师的身上，我看到了从学生出发组织教学的逻辑。

采用果汁软糖的实验一结束，学生们重新回到康雄"空气的力，往这边来，往这边，往这边，往这边推压"的发言上来，决定用实验来证实康雄的判断。这是一个在气枪筒的一侧用电钻打开一个洞，往这个洞里用注射器灌入空气，观察是否能够让子弹发射的实验。通过这个实验，证实了康雄的推测，受压缩的空气的推进力是作用于四面八方的。

田中老师最后分发作业纸，要求学生们在课后用语言与绘画来表述"今日的发现"。学生印象最深刻的还是果汁软糖的实验。多数学生画的是果汁软糖整个儿地被压缩的画面。下课了，学生们一个个离开了理科教室，但在后排的实验桌前仍然有一名男生留在那儿，一个劲儿地用绘画与词语来表述"发现"。他叫利治。利治这一天一言不发。在开头的书写白板的作业中是唯一一个一句话也没有写的学生。就是这个利治，默默地在作业纸上密密麻麻地记下"发现"。这个事实生动地表明，田中老师的课堂教学是照顾到每一个学生的学习而展开的。

从田中老师的课堂教学，我们可以窥见北滨小学的教师们寻求课堂改革的精髓的一个侧面：虚怀若谷地倾听并细致入微地接纳每一个学生的疑问与困惑，串联每一个学生的发现与创意，从而使得微妙的差异得以交响，组织"合作学习"的探究活动。田中老师尊重每一个学生思考的真诚教学是北滨小学教师们四年来共同的财富。

# 23

# 从“人人安心学习”的课堂创造到“冲刺与挑战”的学习

东京都练马区立丰玉南小学

## 一、学校教育中的大都市问题

2005 年 1 月 27 日，东京都练马区立丰玉南小学迎来了来自全日本约三百名的观摩者，召开了第四次公开教学研讨会。该校是在五年前瞄准“学习共同体”的创建，开始学校改革的。在 2000 年 11 月茅崎市滨之乡小学的公开研讨会上，我受到丰玉南小学校长渡边由美子盛情邀请——“明确了学校改革的期望。我校也准备同样的挑战，望予指导”，乃是改革的起始点。尽管我随即应允了渡边校长的心愿——“嗯，尽力而为”，然而依然伴随着一丝踌躇。这是实情。

东京都等大都市的学校改革面临着重重的困难，这不是日本独有的现象。任何国家的大城市学校都面临深刻的问题，其改革的难度是众所周知的。这是“学校教育中的大都市问题”。

许多人并不知道，坦率地说，东京都、大阪府等大都市的学校的教学水准比地方学校低。从学生时代开始，每每造访东京都的中小学都不能不令人思考：为什么东京都中小学教师的教学水准如此低下。理由可以举出若干，诸如在地方的县里，任何一个教师都在同僚与家长的视线之下，即便就职的学校变动了，也仍然纠缠在一道。所以，无论哪一所学校都必须维持日常的教育水准。但在东京那样的大都市里，一旦变动了就职的学校，同僚与家长的评判是自由的，有着一切从零开始的轻松自如。再者，在东京那样的大都市里，长年来教育行政与教师工会之间的对立、工会相互之间的对立和教育研究团体的对立持续不断，校本研修陈腐化、形式化等等，存在着诸如此类的问题。

学生方面也存在特有的困难。大都市对于儿童来说是精神紧张多发的环境，贫困家庭和家庭崩溃的问题也多，谓之"二十三区病"。病症如下：

1. 在东京二十三个区的儿童，对伙伴吹毛求疵、"小家子气"的幼稚男孩居多。
2. 两三个人待在家中，排斥其他朋友的早熟女孩居多。
3. 其结果，小吵不断，引发对立。
4. 在课堂中儿童被分为动辄骚动的与沉默不语的两大类。
5. 而且，情绪不稳定的儿童与低学力的儿童或多或少出现其间。

大都市学校改革的难题数不胜数。在渡边校长的激励之下，我得到了在大都市的学校里推进创建"学习共同体"的机会。在喜悦的同时，不能不想起以往许多学校经历过的大都市特有的困难。

渡边校长是从2001年度开始提出创建"学习共同体"的改革方针，着手所有教师进行一年一次的课例研究。改革的第一步包括减轻教师的压力、构筑课堂中的"倾听关系"，挑战"人人安心学习的课堂教学的创造"。在渡边校长的引领之下，以资深教师滨野高秋老师和幸内悦夫老师为中心，形成了教学改革的班子。不过，由于我的日程安排早在一年前就已经定下，于是请求秋田喜代美老师（东京大学教授）和庄司康生老师（埼玉大学副教授）去该校指导。

一年后，渡边校长仍然坚持教师研修，她把教师课例研究的次数从每人至少"一年一次"增加到"一年三次"。校长接受了我的主张，"学校要改变，就得有百次以上的课例研究"，以便在两年内实现学校改革。着手改革一年后，其成果就在几个课堂里的儿童的状态上显现出来了。这是一所包括校长和教务主任在内拥有十八名教师的中等规模的学校。每年一百次的课例研究收到了日积月累的扎实的成效。

## 二、变化的课堂

这一天公开教学课的安排是这样的：从12时50分到13时35分，所有的课堂都公开；从13时45分到14时30分，进行三个教室（2年级(2)班桂田裕子老师的音乐，3年级(1)班滨野高秋老师的国语，5年级(1)班五十岚诚一老师的理科）的提案教学，50

分钟的教学研讨会之后，是大约一个小时的，有秋田、庄司、佐藤与渡边校长出席的“研讨会”。

该校改革的成果在所有的课堂里都是显而易见的，形成了人人参与学习，相互倾听、“合作学习”的教学。经过四年的改革，“二十三区病”已经销声匿迹。尽管任何课堂里总有几个有着这样那样学习困难的学生，但这些儿童都得到了关爱，实现了相互支持的“合作学习”。就像“形成自己风格的教学”这一目标所表述的那样，每一个教师发挥了各自的个性，展现的经验活动是富有魅力的。特别令我钦佩的是资深教师胜沼菜穗美老师(1 年级)与初任教师加藤裕美老师(3 年级)的公开课。

胜沼老师的公开课，用课堂的事实向我们展示了：一年级课堂教学的沟通该如何进行。胜沼老师倾听儿童心声的关系是出色的，在课堂里催生了一年级生特有的纤细的思想交流。另外，加藤老师的课不像是初出茅庐的教师上的，实现了每一个儿童的思考和细腻的交流，同时，也以初任者的稚嫩构筑了优雅的课堂。像胜沼老师那样资深教师的精练的成长，是该校 2 年级以上所有在职教师的成果；像加藤老师那样作为初任者的耀眼的成长，体现了学校建构教师的同僚性——教师通过合作教学，培育起作为专家的合作精神——的可能性。

在进行“提案教学”的三名教师之中，桂田老师和五十岚老师是 2004 年转入丰玉南小学的教师。渡边校长让他们两人承担“提案教学”的用意在于，宣传该校是培育有个性的教学专家的学校。我想，包括我在内的观摩者都充分地感受到了这个用意。

## 三、澄明的学习·合作的学习·交响的学习

在最后总结公开教学的研讨会上，庄司老师指出，该校教师研修之所以能够取得如此扎实成果的秘诀，就在于《研究集录》的记载中所提示的标题——“教师变了，课堂变了，儿童变了，学校变了”，言简意赅地表达了改革的愿景。对此，我感同身受。该校的《研究集录》以准确的话语体现了创建“学习共同体”的学校改革所经历的历程。诸如，“校本研修中心的学校运营”；“充实相互倾听、相互学习的活动，分享学习的快乐”；“贴近儿童学习，构想课堂教学”；“从儿童的学习状态中学会教学”；“打造教师洞察教材本质的一双慧眼”，等等。四年来，实现了每一个儿童参与学习的该校的改革实践，支撑了每一个教师作为专家成长起来的该校的教师研修，呈现了标题所描述的改革境界。

在这本小册子中，秋田老师以“澄明的学习·合作的学习·交响的学习”为题寄文一篇，不仅表明了丰玉南小学教学创造的特征，而且提示了改革的步伐。

所谓“澄明的学习”意味着每一个儿童的学习和每一个教师的学习得到了品质上的磨练。所谓“合作的学习”是指多样性（差异性）学习的交流通过个体与个体之间的交融而得以发展，也可以说是“互惠学习”（reciprocal learning）。所谓“交响的学习”意味着儿童学习的多样声音与教师学习的多样声音的交响。借助每一个人的个性差异的交流，培育“和而不同”的学校（课堂）文化。

“交响的学习”也是表达“学习共同体”的语言。丰玉南小学所摸索的“学习共同体”的学校，用从前社会学家见田宗介的话来说，不是像珊瑚那样基于同一性的一体化的共同体，而是基于交响乐那样的多样性交响的共同体。

↑加藤老师在上国语课。

我在研讨会上指出，秋田老师总结的丰玉南小学倡导的学习——“澄明的学习”、“合作的学习”、“交响的学习”是难能可贵的。不过，重要的不是从“澄明的学习”到“合作的学习”再到“交响的学习”的发展，而是从“交响的学习”到“合作的学习”再到“澄明的学习”的发展。

在学校改革中，儿童的学习并不是从“澄明”到“合作”再到“交响”的，而恰恰是逆向的过程。丰玉南小学的师生是从形成“交响”的课堂着手改革的，由此发现“合作”学习的价值及其策略，从而使得每一个人的学习得以“澄明”的逻辑。这种改革的进程显示了学校改革的浑然天成的发展。

## 四、更上一层楼

公开研讨会在神清气爽的印象中闭幕了。这种清新感体现了丰玉南小学师生自然、和谐的“合作学习”的面貌。该校的研修手册上这样记载道：“所谓理想的教学就是感受到这样的教学：①人人安心学习；②愉快地同教材对话；③感受分享同学的见解与交流的喜悦。”就此而言，可以说，丰玉南小学的改革实现了期许的目的。至少大半观摩了该校的所有课堂、体验了提案教学、参与了研究协议和研讨会的人，一定会怀抱着心灵上的震撼踏上归途的。不过，丰玉南小学的改革究竟是否实现了改革的目的呢？

对于推进学校改革的教师而言，或者是对于儿童和家长而言，期许目的的达成不过是在持续改革的征程上。学校改革的成功尚在“宁静的革命”与“永远的革命”的征程之中。今后丰玉南小学的改革需要实现更优质的“合作学习”经验的教学，需要发起新的挑战。否则，该校的“人人得以安心学习、愉快学习的学校”的改革就会停滞不前。

虽说改革进入了新的阶段，但不等于说需要另立新的目标，而是恰恰相反。在学校改革的持续过程中，教师们往往会想：“去年已经达成这个目标了，今年需要确立新的目标……”倘若是这种思考方式，学校改革终将归于失败。既然没有圆满达成，就不应该接二连三地转换新课题。

在学校改革的持续之中最为重要的，是围绕同一课题持之以恒地展开挑战。学校改革是业已启动的“永远的革命”。不断立足于“启动”的地点，每年持续地展开同一课题的挑战，从而形成螺旋式的发展。今后丰玉南小学应当通过充实“澄明的学习”，师生一起面对“创造冲刺与挑战的学习”。学习的质的追求一定会带来学校的新发展。

渡边校长的殷切心愿结出了硕果。在大都市的沙漠之中构筑“学习共同体”的学校的可能性已经化为现实。当然，这个成果也是同社区家长的合作，以及同以教育长为首的练马区教育委员会的帮助分不开的。“合作学习”的纽带催生着新的希望。

# 24

## 全镇"学习共同体"的创建

长野县北佐久郡望月町

### 一、小镇的大挑战

2005年3月28日清早，我在东京站搭乘长野新干线，去长野县北佐久郡望月町。望月町人口约一万人，是一个位于轻井泽之北的静静的小镇。从这个小镇的教育长荻原昌幸老师给我发出的盛情邀请，已过去半年了，好不容易才排上日程。

在新的挑战之前，充满着业已开始的预感，同荻原老师的会晤就是一个明证。我收到了荻原老师发来的"准备全镇创建'学习共同体'"的邀请函，初次会面是在滨之乡小学(神奈川县茅崎市)。在一位教育委员会的委员和一位校长的陪同下现身的荻原老师，不出所料，是一位温和而沉稳的人。这是因为，大凡成就大事业的人，往往是跟挑战性不相称的沉静者居多。

打听一下原由，方知荻原老师打算两年后把新设的小学办成"学习共同体"。他首先让镇上的两百名教师、家长、居民阅读我的《教育改革的设计》(岩波书店2000年版)[①]，又让三百名读者阅读我的《厌学的孩子们》(岩波书店2000年版)[②]，为把新设校办成全镇的"学习共同体"作好准备。听罢原委，我直觉地感到他是一位值得信赖的诚实的人，这种人的改革意志是真心实意的。

他们期望通过两年后新设的学校"学习共同体"创建的准备，整合望月町的一所幼儿园、四所保育园、四所小学、一所初中和一所高中，推进"学习共同体"的创建。这对我来说是初次尝试。我想，无论如何应当支持这个挑战。幸运的是，望月町的许多教师是 2004 年夏我在信浓教育会北佐久支部主办的讲习会上报告的听众。

如今，市町村的合并在日本各地进行，望月町也是其中之一。望月町是 2005 年 4 月 1 日并入佐久市的。荻原教育长的任期是截至并入的前一天，望月町教育委员会也是同样。在我造访的数日之后，佐久市教育委员将会接管这个地区的中小学。以荻原教育长为首的教育委员会和所有校长、园长合作构想并准备之中的“学习共同体”的创建，如何展开呢？

荻原教育长在望月町并入佐久市之际，组织建设了教育委员会同所有校长、园长与学校改革的网络。这个网络不是行政组织，而是作为非正式的联络组织承接此前准备的“学习共同体”创建的学校改革事业的。如前所述，望月町的中小学是由一所幼儿园、四所保育园、四所小学、一所初中和一所高中构成。由于是同一个中学校区，即便撤销了教育委员会，仍然可以相互合作，推进改革。我本人在此前也在大阪市茨木市丰川中学校区有过参与幼儿园、小学、初中合作创建“学习共同体”的经验。

尽管如此，全国正在进行之中的市町村的合并或许有助于削减市町村自治体的财政赤字，然而，对社区与学校教育的损害不少。最近，中央教育审议会认为，市町村教育委员会没有充分发挥作用。不过，必须留意的一个事实是，管辖少量学校的小型教育委员会是充分发挥了功能的。未能发挥作用的是政令指定都市等大都市的教育委员会。从这个意义上说，望月町教育委员会的撤销是令人遗憾的。寄托着望月町教育委员会的希望、构想创建“学习共同体”的学校改革的研究会，在迎来了三天之后撤销教育委员会的那天，开始了征程。

## 二、改革的开端

在这一天的研讨会上，同我一起参加会议的有信州大学教育学部的村濑公胤老师、富士市岳阳中学原校长佐藤雅彰老师和教务主任稻叶义治老师，以及大阪府高槻市第八初中的神宫司竹雄老师。村濑老师是我的研究生、信州大学的教师，佐藤老师和稻叶老师是学校改革的前辈，神宫司老师是高槻市筹备学校改革的教师。

在荻原教育长和依田永一教育次长简短的致辞之后，我开始作关于创建“学习共同体”的基本哲学的演讲。与会者都是我的读者，滨之乡小学和岳阳中学的观摩者也很多。我在 30 分钟的报告中阐述了创建“学习共同体”的学校改革是一场“宁静的革命”、“永远的革命"。让听众懂得:我们每一个人,包括学生、教师、家长、居民都是改革的"主角"。

接着,进行了基于课堂录像的课例研究。这一天的研讨会准备了八节课的教学录像。不过,八节课的教学录像不可能在一天的研讨会上展开探讨。在小组讨论的阶段,所有八节课的教学录像都可以得到利用。我考虑到是初次参加的研究会,决定围绕四节课的教学录像进行研讨,从而明确今后研究的基本路径。

当地区众多的中小学在致力于"学习共同体"创建的时候,从一开始就实践起码的改革愿景与改革哲学的分享,这对于改革的进展是至关重要的。

## 三、学习关系的创建

最先讨论的是协和保育园的小松绫老师的课堂录像。以"画出记起的画"的题目,小松绫老师同十二名儿童进行了对话。从一年的回忆中挑选出"最快乐的事"来交谈,把想画的事情加以形象化之后,进行绘画的具体指导。

就像这种场面一样,我在课例研究中重视日常的教学场面的探讨。这是因为,"课例研究"与其说是重在探讨业已准备好的东西,不如说应当着重探讨极其平凡的教学细节。探讨细节,对于每一个教师的教学修炼与风格的形成是至关重要的。

在观看了 15 分钟教学录像之后,首先要求小松老师来谈谈自己的感想。小松老师开口第一句话就进行了反省:"我讲得太多了。""不必那么啰嗦,可以直接进入绘画指导的。"幼儿园和保育园的教师也纷纷提出了自己的见解,支持小松老师直率的反思。与此同时,大家也指出了小松老师课堂的精彩之处:孩子们言谈举止的温柔性与纤细性。我也有同感。这种言谈举止的温柔性与纤细性说明了小松老师与孩子们日常关系的细腻和礼貌,表明孩子们在这间教室的日常经验中获得了满足。

小松老师之所以"讲得太多了",恐怕是由于教师还没有真正确立起"以倾听儿童的声音作为教师同儿童关系的基础"的缘故。关于这一点,由于是幼儿园、保育园与小学低年级教学的基本事项,所以稍微详细地探讨了一番。实际上,小松老师是面对会场前的 12 个人进行谈话的。从小松老师坐姿与讲述的方式来看,我们可以从教学录像记录下的小松老师与孩子们的关系之中发现两种姿态:

第一种姿态,小松老师完完全全地接纳了每一个孩子,然后同每一个孩子交谈的姿态。第二种姿态,小松老师并没有在心中接纳每一个孩子,或是面向教室里的"大家",或是面向某个人进行交谈的姿态。前者的场合,每一个孩子都是独特的存在,以小松老师为中心的坐姿也是众望所归。但后者的场合，小松老师关照每一个孩子的眼神则是混沌的，应对的坐姿也是混沌的。倘若要回应每一个孩子，小松老师只能是左顾右盼了。

通过小松老师的案例，我阐述了教师应以“倾听”为基本对策构建同儿童的关系，解释了教师如何才能以教师的坐姿为中心对每一个儿童作出灵活的应对。这是因为，以“倾听”每一个儿童的声音为基本的教师的“坐姿”与“关系”，是创建“合作学习”的课堂的最基本的态度。

在小松老师的保育园案例分析后，是布施小学3年级北山雅路老师的社会科的教学，探讨“学习古时有趣的音乐”的课堂录像。前一节课的教学是让儿童听老爷爷讲关于当地的狮子舞与鼓等传统艺术的故事。这一节课是让大家确认前一节课听到的故事的要点，开始击鼓练习，引出下一步的学习课题。不过，从教学录像看来，儿童虽谈了意见，但讨论并没有进展。北山老师谈到教学后的感想时说道：“把儿童的见解串联起来是这堂课的主题。”

了解北山老师平日的课堂教学的观摩者也疑惑，这堂课怎么不像平日那样流畅。有的说：“早一些进入击鼓练习就好了。”

我想，北山老师这堂课设定的内容，以上节课听取了老爷爷讲的故事之后就已经结束了。儿童们期待着新的挑战。这是司空见惯的事。教师却想抑制这种渴望。但是，孩子们期待的是一个段落的学习之后，进行新的挑战。这是典型的师生之间的鸿沟。

→讨论小松老师与班级儿童之间的关系。

←北山雅路老师教学录像的一个场景。

关于北山老师提起的“串联”,我提出了如下的建议。这就是,正如北山老师所认识到的,教师的工作无非就是三件事:“倾听”、“串联”、“反刍”[③],其中“串联”是核心的作业。“串联”的基础是“倾听”,从三个维度——①该想法同题材有哪些关联,②同其他同学的想法有哪些关联,③同该孩子的先前的想法有哪些关联——的“倾听”,是“串联”作业的基础。通过“倾听”的方法是有可能实现“串联”的。

## 四、改革的希望

这天下午,围绕望月初中伊藤岳彦老师的体育课展开了“合作教学”的课例研究,而望月高中的荻原均老师则根据经典的教学记录,分析了教学设计的若干问题。这两个课例研究都同上午的两个课例研究一样,是基于“学习共同体”创建的视点来讨论适宜的基本教学内容的问题的。在午休时间召开了同教育委员会委员、各校的园长、校长的恳谈会。研讨会的最后,以家长与社区居民为对象,进行了以“改革的基本认识”为题的演讲会。就我而言,可谓是密集学习的一天。

在新干线的归途上,佐藤老师、稻叶老师、神宫司老师谈起了一天的感想。我们分明预感到,望月町踏出的小小的一步,为创建“学习共同体”的学校改革准备了新的阶段。当然,这不过是小小的一步,尽管不知会怎样发展,但我们期待着这一步能够开拓出崭新的未来。

**译注**

① 该书指出,在传统的、僵化的“同步教学”中,是不可能形成儿童的学习的。社区、家长和教师应当合力,推进旨在形成每一个儿童发展的教学创造——“学习共同体”的学校改革。该书从一个关切改革实践的教育学者的角度,揭示教育改革的思想原理与实践的逻辑,并且提供了丰富的实践案例。

② 该书揭示了人为的教育危机与被无视的危机实态——厌学的儿童与“学力低下”的真相,提示了“东亚型教育”的终结以及摆脱“应试教育”、走向“学习”的愿景。

③ 佐藤学教授常用“倾听”、“串联”、“反刍”的语汇,借以描述作为教师的教学行为的“三要素”:倾听儿童的心声,串联儿童的思考,反刍教本的陈述。这就是说,教师在课堂中要抓“三件事”:第一,倾听活动——在课堂教学中重要的是师生是否能够审慎地、谦逊地听取他人的话语,唯有拥有这种气质的人们才能创造课堂对话的气氛。第二,串联活动——教师在教学中把教材与儿童联系起来,把一个学生的发言同别的同学的发言联系起来,把某种知识同别的知识联系起来,促发能够引起别的发言的发言,借以深化教学中产生的问题,也是教师的作用。第三,反刍活动——教师适时地把话题返回原点,儿童不能理解的时候作再次阐述。一旦“反刍”(追忆、

回味）之后，又会将儿童的思考引向深入。然后再“倾听”，再“串联”，再“反刍”，如此循环往复。可以说，这也是捕捉具体的教学场面的关键用语，已成为日本中小学教师现场教学研究的基本用语。参见佐藤学《教师的挑战》，小学馆2003年版，第16—19页；参见秋田喜代美《教学研究与教师学习——课堂研究的诱惑》，明石书店2008年版，第128—131页。

25

# 坚持螺旋式上升的改革

## 神奈川县茅崎市滨之乡小学(之一)

### 一、周而复始的开端

滨之乡小学迎来了第八个年头。这一年第一次的校内研修会(2005年4月22日)是不同寻常的静悄悄的研修会。由于研讨会的日程安排不详,来访的观摩者寥寥无几。这种寂静让我想起了八年前研修会的情景。滨之乡小学的改革就是从只有几个观摩者的参与开始,静悄悄地起步的。八年来,滨之乡小学每年都在坚持同样的挑战。这是业已启动的“永远的革命”。今年,滨之乡小学又站在了一个新的周而复始的起点上。

就我自身回顾这八年而言,滨之乡小学的现状交织着三重状况:“合乎预想的进展”、“超越预想的进展”、“违背预想的事件”。从我的实际感受得出的结论来看,滨之乡小学现在是获得了“合乎预想的进展”。滨之乡小学正在沿着“学习共同体”的学校建设的理念,合乎预想地展开:保障每一个儿童的学习权、儿童“合作学习”的学校,每一个教师作为专家共同成长的学校,社区的家长与居民同教师团结合作创建的学校。

“超越预想的进展”也有一些。在办学第一年即1998年的9月1日,当时有多达二十几名辍学的学生,如今全员上学了。这是在暑假期间同学们主动地做辍学同学的工作,敦促他们上学的结果。儿童们在教师不经意之间成了学校的主角,以他们自己的行动体现了“合作学习”关系的责任。从此以后,滨之乡小学辍学的儿童一直保持着零状态。滨之乡小学是一所经济、社会处境不利的儿童高出市内其他学校的平均数数倍的学校，是一所全校儿童达七百二十名的超大型学校。倘若考虑到每年都有几名外来的辍学生转来求学的情况，可以说，这个成果是令人"惊异"的。

→"步履蹒跚"持续的面貌，正是学校改革扎实推进的明证。

←园良成老师在上6年级数学课。

滨之乡小学"超越预想"的改革获得了全国各地教师的热情支持。滨之乡小学是承担着茅崎市教育委员会推进创造"21世纪学校教育"的使命，彰显"学习共同体"办学理念而创办的实验学校。没有想到，这个小小的挑战居然博得了全国中小学教师的热忱支持。尽管只是一个地方城市的小学教育改革，但这八年间来访的教师竟达二万三千多人，其中包括来自海外的教育学家和教师。"Hamanogo"① 这一名字蜚声国际。引进"滨之乡模式"的学校仅在日本就超过了一千所。如此热烈的反响与支持是办学当初不可想象的。

"违背预想的事件"中最大的变故是，滨之乡小学的构想与创办的指导者、第一任校长大濑敏昭老师同癌症的搏斗与过世。大濑校长发病是在办学的第二个年头，尔后他与病魔斗争的生活与"生命的教学"的实践，构成了又一个滨之乡小学的历史。2005年1月长眠地下的大濑校长的伟业与丧失大濑校长的全校师生的悲痛，忽隐忽现地支撑着今日的滨之乡小学。2005年1月，传承大濑校长遗志赴任的谷井茂久老师是过去同大濑校长一起创办滨之乡小学的同事，是最适当的改革继承者。之后，在谷井校长的领导下，滨之乡小学取得了空前的进步，翻开了学校改革的崭新一页。

## 二、步履蹒跚的滨之乡

造访滨之乡小学感受最深的一点是，儿童们大方得体的言行举止与师生之间心心相印的交融关系。这是因为，在儿童之间与教师之间都构筑起了基于“相互倾听关系”的“合作学习关系”。可以说，这个特征正是滨之乡小学教育的精髓。

不过，回顾八年的历程，滨之乡小学的步伐绝不是一帆风顺的。谷井校长常常说，“步履蹒跚的滨之乡”的改革依然在继续。特别是从人事调动频繁的第三个年头开始，每年都是“步履蹒跚”从头越。只有三十名不到的教师队伍调动了将近十名之多，年份已经持续了好几年。如今，办学当初的教师只剩下四分之一左右。在这种变化之中，滨之乡小学凭借三种推进力，坚持不懈地进行改革。

第一种推进力，是办学当初教师们对于学校改革的强烈意愿。我对教师们真诚的改革愿望心悦诚服。他们默默无闻地工作着，作为教师的一举一动都关系着滨之乡小学的命运。第二种推进力，是新来滨之乡小学的年轻教师。年轻教师是学校未来的希望。在滨之乡小学，年轻教师发挥着教学创建的主导作用。他们朝气蓬勃的改革实践对于维持稳定的教育水准也是极其珍贵的。第三种推进力，是从他校转入的资深教师发起的新的挑战。对于资深教师来说，转入滨之乡小学绝不是轻松愉快的。为了参与“学习共同体”，要求他们形成自身的教学风格并在实践中体现出来。这种新的挑战为滨之乡小学源源不断地带来了催人奋进的新鲜气息。

虽说有三种推进力的交集，但也存在过若干困难的时期。在将近十名教师频繁调动的几年里，从四月至十月重复着同第一年度同样的过程，纠缠着不知何时班级将突然崩溃的担忧。为数不少的教师还抱有“竹篮打水一场空”的想法。大濑校长和我经常念叨说，“学校改革开始容易坚持难，坚持改革需要花费更大的心力”。

谷井校长和我的口头禅是“步履蹒跚的滨之乡”。这是指“即便在多少年之后，无论是教师或是学生，仍然一如既往，步履蹒跚地坚持改革”的意思。这不是自嘲的话，恰恰相反，可以说是自豪地自称为“步履蹒跚”。学校改革是一件难事，坚持改革更是难上加难。师生持之以恒、步履蹒跚地展开“合作学习”的姿态，正是学校改革脚踏实地进展的明证。

## 三、回归改革的基点

如今，又是“步履蹒跚的滨之乡”新的一年的开始。尽管今年的教师调动少了，却调出了三名资深教师，迎来了包括两名新任教师在内的四名新教师。这样，学校完全变成了以年轻教师为主体了。今年又是名副其实的“步履蹒跚”的一年。

我们观摩了所有教室。四月初的教室不知不觉又回到了传统的课堂。看来新任教师难以驾驭课堂，在摸索着开始整顿班级，因而往往又恢复到课桌椅一律朝黑板方向摆放，教师背对黑板施教的状态。五月的假期后，重又摸索着适宜教室的课桌椅配置、教学模式及各自不同的教学风格。即便在坚持儿童“合作学习”为中心的教学改革的滨之乡小学，也往往会出现四月初那种传统的教学形态。这不得不令人感到，传统教学方式在教师们的头脑之中是何等根深蒂固。

这一天的公开课是调来滨之乡小学第三个年头的高桥正通老师的 2 年级生活科的教学，以及从办学之初至今任教已八年的园良成老师 6 年级的数学课。两位都是拥有数年从教经验的资深教师。由于是四月初的教学研修会，研修的话题是以这两节课中观摩到的事实为中心，就回归“合作学习”的教学创造的基点展开了探讨。要坚持学校改革，就得不断地回归改革的基点。我在校本研修会上归纳了滨之乡小学改革实践的基点。这就是：

1. 在教室里，教师的站姿要关照到每一个儿童，以便进行沟通。

2. 认真地构筑“合作学习”的基础——“相互倾听”的关系。

3. 学习困难学生要形成随时向邻座同学询问“喂，这是怎么回事”的习惯。

4. 教师的工作可以归结为三件事：倾听、串联、反刍。

5. 在教学设计中要设定挑战性的学习为中心，布置相关的冲刺与步骤的活动。

6. 3 年级以上以四名男女生混合编组为准，引进基于小组学习的“合作学习”。特别是在挑战性学习中要活用“合作学习”的方式。

7. 在校本研修会上，要根据课堂事实，细致地探讨教学的成败得失。

8. 在校本研修会上，观摩者不是对执教者提出建议，而是交流观摩教学之后的心得体会。

9. 在校本研修会上，不宜以特定问题儿童为中心展开讨论，而是应当平等地对待每一个儿童。

在滨之乡小学，每年都要回到这些改革实践的基点上来，重新发起新的挑战。这一年又重新开始了。

## 四、走向新的挑战的一年

以谷井校长为中心的滨之乡小学，去年在艺术教育中取得了进展，同时在“探究教育”、“艺术教育”、“市民教育”三个领域实践了内容结构化的挑战。今年仍然会持续这种挑战。

今后我们需要研究的是，如何提高教师的学科知识水准。在滨之乡小学，每一个教师都设定自己的研究课题，分别规定各自研究的学科。以往关于教师的学科知识，是各个教师开发、实践的单元资料以文件档案的形式加以积累与分享的。今年的课题是对其进行更深入的开发。我并不认为在研修会上引进学科教育与教材研究是最好的办法。作为数学学科的知识，教师需要的是数学知识本身的提高与凝练。在图画手工课上，则要求教师提高对美术作品的鉴赏与理解力。滨之乡小学的研修是未来教师研修模式的一种试验，因此希望对这种新课题发起挑战。

八年来持续探讨的课题之一，就是“学习”与“关爱”的关系。有效地求得两者均衡关系的实践，在实际上是极其困难的。滨之乡小学的儿童以社会、经济、文化处境不利的家庭居多。就此而言，在日常的教育活动中如何发挥“关爱”的功能是十分重要的。滨之乡小学的儿童相互之间的“关爱”关系是十分出色的，可以说是一个成果。不过，学校工作的轴心必须设定为“学习”。儿童存在的问题是严重的，不是单纯地靠教师的“关爱”就能够解决的。这是需要每一个儿童自身去挑战“学习”，借助“合作学习”相互激励，从而跨越现实的苦难。这种“学习”与“关爱”的关系，也是今年应当继续研究的一个课题。

滨之乡小学的校本研修会一结束，我应邀参加当夜7点在茅崎市车站前召开的市内新任教师的集会。茅崎市的新任教师在四五年前不过是寥寥三四个人，今年已达六十多人。横滨市在几年前不过十二人，今年达六百多人。大都市及其周边的新任教师爆炸性地增加的状况，在今后十年里还会持续。这些年轻教师作为教育专家的成长是未来学校改革的焦点所在。滨之乡小学的这种挑战的重要性在与日俱增。

**译注**

① “Hamanogo”是滨之乡小学的英语标记。

# 26

## 年轻教师成长的学校

神奈川县茅崎市滨之乡小学(之二)

### 一、年轻的教师们

滨之乡小学年轻教师们的成长是出类拔萃的。2005年5月20日该校举办校本研修会那天，让我深切感受到这种卓越性。这一天，公开教学的教师是进入滨之乡小学才第四个年头的增家祐美老师和两年前调到滨之乡小学的年轻教师森田润一老师。增家老师从二年前就开始挑战以“色彩”为题的艺术教学。而森田老师的文学课是他的第一次的挑战，以太宰治的《跑吧，梅洛斯》[1]作为教材，进行多样的阅读交流的教学。我观摩了这两堂课，确信这是我体验的该校七十多次公开教学观摩中最令人激动的两节课。

坦率地说，我在构想滨之乡小学的“学习共同体”创建的时刻，没有料想到这里能够成为年轻教师如此活跃的学校。我们总以为，学校建设的骨干作用总是由资深教师承担的；在教学的创造中先进的实践也是从资深教师当中产生的。不过，这种想法从第一个年度开始就被颠覆了。滨之乡小学实现了如愿以偿的改革进展，年轻教师的活跃与成长远远超出了我的想象。

打前锋的是创办之年作为新任教师赴任的山崎悟史老师。他率先在课堂上实现了以“人人相互倾听关系”为基础的“返璞归真的教学”。那是一堂语文课，关于它的冲击性影响，在《创造学校——茅崎市滨之乡小学的诞生与实践》(小学馆2000年版)中有详细阐述。[②]

在创办第四年作为新任教师赴任的是中西贵和子老师和堀内利起老师。看着山崎老师成长的我们感到欣慰的是，这两位老师同山崎老师一样，从最初的困惑之中顺利地实现了以“相互学习关系”为基础的课堂创造。中西老师在以《家的布局》为题材的综合学习的教学中开拓了基于调查活动的“合作学习”的实践。堀内老师推进了以媒体为题材的综合学习，近年来开始担任低年级班主任，致力于纤细的、温情脉脉的堀内式的出色班级的创造。

其后一年作为新任教师赴任的，是今年担任研修部长的松永昭治老师和前述的增家老师。松永老师在到任第一个年头就上了一堂压轴戏的公开课——《螳螂的生活——走向螳螂博士之道》，从螳螂卵的孵化与饲养开始进行其生态的探究、螳螂的步行与飞行的科学分析等，这种高度凝练的、难以想象是由3年级生进行的探究性学习的实践，同兴趣盎然的儿童与松永老师的面貌交织在一起，实在是难以忘怀的（参见《变革学校——滨之乡小学的五年》，小学馆2003年版）。

其后一年作为新任教师赴任的，是入泽理惠老师。关于入泽老师的成长也是一言难尽。在到任当初入泽老师苦于同儿童们的应对。到了4月份，仍然未能同儿童们构筑起和谐的关系。看到这些，我曾经提醒她，“成天训斥或是生硬指点，只能遭到儿童的嫌弃”。此后一年，观摩入泽老师的1年级的音乐课——《凄苦谭》[③]，不禁为之惊叹。她以小学高年级也难以掌握的组曲为题材，不仅让1年级生自然地、愉悦地掌握了这首难曲，而且让他们沉浸在对话的世界之中声情并茂地歌唱。可以说，她创造了低年级音乐课的出色的典型。[④]入泽老师同松永老师的《螳螂》课一样，使得班级的儿童如醉如痴。她在教室中放置一个纸箱，当作是虚构的转校生“英二君”，让儿童们愉快地跟这位“英二君”对话。大家一起创造着虚构的故事，来推进音乐课的教学。教师的音乐性与儿童们喜欢听故事的天性相结合的绝妙合唱，催生了精彩的音乐课的实践。

回顾起来，滨之乡小学的新任教师们从建校之初直至今日的七年间，率先实现了该校创新性的教学实践。从建校第三年开始，每年都有将近三分之一的教师调动的该校，却有一茬一茬的新任教师得到成长，开拓着创造性的教学实践，持续地维持着该校的教育水准。新任教师成长的面貌折射出滨之乡小学的出色。可以说，“步履蹒跚的滨之乡”的妙处就在于，“步履蹒跚”的自由的创造性及其优质的教学。

## 二、愉悦的挑战

这一天增家老师的艺术课(4 年级)与森田老师的文学课(6 年级),让我再一次领略到滨之乡小学年轻教师的出众才华。

去年以来,增家老师以“色彩”为题的艺术课是表现以淡色为基调的色彩感的教学。这是她的审美直觉与每一个儿童微妙的色彩感相互交融后得到的兴趣盎然的实践的结晶。儿童对于色彩,往往是粗枝大叶、胡乱搭配的。唤醒儿童们生活意识之中纤细的审美意识并得以表现,探寻儿童们能够创造更丰富、更细腻的生活世界的洞察力,这就是增家老师以“色彩”为题的艺术教学的目的。

这一天教学的主题是“快乐地剪裁西服”。教室里摆放了许许多多的碎布,利用这些碎布在硬板纸上设计自己喜欢的西服,然后用拼凑起来的碎布表现出来。增家老师把自己设计的西服样式挂在了黑板上,在指导裁剪刀与裁剪纸的使用方法之后,儿童们很快就转入基于自己的设想的作业。课桌摆成了供三四人为一组进行活动的大小。每张课桌自然而然地展开了意见的交流与协商。多数儿童不会使用剪刀,不善于剪裁用纸,不会设计。不过,通过小组内部的自发的交流与相互帮助,都一一克服了。这个场面如实地说明了这个班级相互倾听、相互合作的关系已经达到了炉火纯青的境界。

在一边观摩、一边录像的过程中,我最钦佩的是增家老师对于每一个儿童的应对。增家老师的每一个言行举止都不是空穴来风,而是细致入微观察儿童的结果。在这个班级里有一个智障儿童需要细心照料,但即便是在照料这个男孩的过程之中,增家老师也并没有顾此失彼。她同样在密切地关注着每一个儿童的一言一行。这期间,她一边应对几个向老师求援的儿童,一边盯着没来询问却有困难的几个儿童的作业。她的一举一动都是那么得心应手,毫不矫揉造作。我目不转睛地欣赏着她,沉醉在她那种自然天成的教态之中。

来访的观摩者或许没有发现,即便是资深教师也未必这么老练。那么,她是如何成长起来的呢?

我对增家老师的教学设计也非常佩服。对于每一个人而言,“穿着打扮”是富于魅力的课题。无论哪一个儿童都会乐于西服的“打扮”,这就是这种教材的魅力所在。况且,剪裁师悄悄地提供的各色各样的碎布,一旦握在手中,就能任凭想象力的驰骋。儿

←年轻的教师们在教学研讨会上。

→4 年级班主任增家祐美老师。

童的迷恋乃是理所当然的。

这种艺术的教学有着不分“能手、笨手”的自由。增家老师并不拘泥于“色彩”的教学，而是从“形”出发，自由自在地让儿童的审美表达从“能手、笨手”的意识中解放出来。这种意图在以往的教学实践中也是屡奏功效的。进一步说，这种“快乐地剪裁西服”的作品创造，尽管是作为一种西服设计的教学展开的，但本质上是一种拼贴画的教学。利用各种各样的素材，欣赏其色泽与纹理，进行种种的组合，构成一个作品世界。这种意念是造型艺术教学的一种凝练。希望其他教师也来追寻这种意念。事实上，儿童们的作品已经超越了“西服设计”而上升到一种拼贴画的情趣了。

## 三、连接成长的希望

另一方面，森田老师的教学是围绕着让每一个儿童喜欢文学，教师自身也同儿童一起分享文学的快乐展开的。这是一堂出色的教学实践。我收集着森田老师的课堂教学录像，看到这些反映森田老师的班级儿童的学习状态，以及森田老师一心钻研教学的面貌的场面，不禁令我热泪盈眶。这是事出有因的。在去年森田老师的体育课的检讨会上，我抱着他的人格或许崩溃了的想法，对他作出了不留情面的点评。当时我特别强调的一点是，他“懒于学习”，不向任何同僚求教，自命不凡；工作情绪忽冷忽热，热衷于自己的私事，却不倾听儿童的心声。我断言道："倘若自身不去打破如此傲慢的屏障，就不可能成长。"那一天，森田老师嚎啕大哭。就在半年之后，展现在我面前的竟然是森田老师的如此令人惊叹的成长，我再也抑制不住发自内心的感动的热泪。

森田老师接受了我的激怒的点评之后，参加了东京都练马区立丰玉南小学的公开研讨会。他说，在那里他观摩了许多教室里的文学课，受到"比滨之乡更滨之乡的印象"的冲击。于是，他从次日起就开始了课堂教学的执着的挑战。"相互倾听的教学，相互交响的教学；进取与挑战性的教学；人人承担与分享的教学；全员参与、共同进步的教学"——全心全意地致力于文学课的挑战。他说，为了"在滨之乡创造自己的教学风格"，唯有挑战自己以往由于生疏而回避的文学课。森田老师原本是一个温和的人，因此建立的同儿童的关系是真诚的，而且他从小就喜欢读书。森田老师的这种个性，正在化为他自身的教学风格。在这一天的研讨会上，他的一位同僚也说："从今年一月开始，森田老师的工作变得勤勤恳恳、一丝不苟了。我相信他的课堂教学一定会取得更佳的业绩。"谦逊的学习，支撑着他骄人的成长。我羞愧于自己的无礼——在半年前以过激的言词对他作出的点评，我对于接纳我的点评、并拼搏于自己的课堂改革的森田老师，表达了我的感谢的话语。这对于我本人而言是一种无尚的激励，也给我们带来了莫大的希望。滨之乡小学的希望就在于森田老师身上所体现出来的年轻教师的成长。

在滨之乡小学，作为新任教师赴任的，去年有高桥瑞穗老师与鸣海奈绪子老师，今年有小川真智子老师和福田悠子老师。她们在这所学校里将会如何重新发现自己的个性，如何形成自己的教学风格呢？——我们拭目以待。

**译注**

① 太宰治(1909—1948)，日本昭和时代的代表小说家。17 岁执笔《最后的太阁》。考入东京帝国大学法文科，留级、除籍，1948 年投河自杀。代表作有《斜阳》、《人间失格》等。《跑吧，梅洛斯》系太宰治模仿希腊神话创作的短篇小说，梅洛斯(Melos)是小说主人公的名字。

② 山崎老师(4 年级语文)在该节公开课中选用了题为《白色的帽子》的叙事文，他说："这篇作品通篇洋溢着人间的脉脉温情，故事中的人物彼此体贴对方的心情一览无余。我想通过儿童们接触这篇作品，让他们感受到人性的善良以及彼此之间关爱的情怀。"这是一堂深度阅读《白色的帽子》中的两个情节的课。儿童们以各自的声音朗读课文，语调、语速也是各不相同的，旨在每一个儿童以各自的方式读解课文，同时，能够彼此交流各自的心得，领悟课文所隐含的思想价值。参见大濑敏昭、佐藤学《创造学校——茅崎市滨之乡小学的诞生与实践》(小学馆 2000 年版，第 91—95 页)。

③ 日语原文是“**ちこたん**”，系蓬莱泰三作词、南安雄作曲的儿童合唱曲。译者在这里试译为“凄苦谭”，这样，既同日语发音近似，也算是一种意译。该合唱曲反映了从儿童的失恋到交通事故之死的内容，演唱难度相当高。

④ 佐藤学教授说，推动滨之乡小学展开挑战的是寻求“学习共同体”的教师、学生和家长的合作，而支撑这种推进的力量之一，就是校歌。由佐藤学作词、三善晃作曲的滨之乡小学校歌——《风之韵》唱道：“清风习习，草儿低语。树梢绿意，引吭歌吟。柔韧，婀娜，生命的气息风云际会，滨之乡。//水流潺潺，生活轮回。求真向善，攻读欢欣。轻盈，爽朗，生命的花季心心相印，滨之乡。//天宇湛蓝，海洋无垠。希望生辉，浸染身影。娴静，艳丽，生命的容颜交相辉映，滨之乡。”这首合唱曲把学生的学习的流动性与应答性嵌入旋律之中，用层层叠叠优美的和声表现出这所学校的学习的交响。参见钟启泉编著《对话教育：国际视野与本土行动》，华东师范大学出版社2006年版，第70页。

# 27

## “合作学习”的导入

大阪府高槻市立第八初中

### 一、认识改革的艰难

学校改革的艰难是由于对学校改革的困难认识不足所致。反思以往二十五年来的经验，在早期经历过大量改革的失败。这些失败是由于没有充分认识到学校改变的困难性所致。反过来说，唯有洞察了学校改革的难处，才能获得变革学校的现实的期望。

学校改革失败的另一个要因，是由于仓促变革导致的失败。学校是顽固的替代物。要从内部变革学校，绝不能急于求成。看看外国优秀的学校改革的案例，哪一个不是经历了以十年为单位的改革的呢！不过，在日本，推进以十年为期的学校改革是不可能的。在日本，校长是三年为一任期、教师是六至八年为一任期，到期必须调动。我曾经拜访过纽约市哈里姆区（黑人居住区）创造“奇迹学校”的黛博拉·梅尔(Deborah Meier)[①]，谈起日本校长、教师调动的情况时，她惊叹道：“日本的学校改革才是奇迹。”诚如她所言，学校是保守的顽固组织。要取得改革的成功起码需要十年为期的努力，决不能操之过急。

不过，我推进的学校改革是以三年为期来设计的。倘若不以校长的三年任期为单位来设计，在日本要实现学校改革是不可能的。况且，日本的学校每年有二成以上的教师要调动。倘若改革没有进展，这个条件就更加严酷了。这是因为，学校改革越是进展，教育委员就越会把这些学校的优秀教师调往别的学校。因此，为了学校改革的持续进行，必须设定每年有三成以上的教师会更替。

在新的地区、新的学校改革开始之际，我总是设想这种严格的条件来设计改革。在这里，充分考虑到社区的特性是必要的。例如，大都市及其近郊学校（首都圈和阪神地区）的学校改革比任何其他地区更艰难。首都圈和阪神地区的学校同别的地区相比，课堂教学的水准低下，教师的教学能力更差。教学是马马虎虎的，校内的人际关系、教师与家长的关系、校长与教师的关系纠缠不清。教育委员会主任的水准也是低下的。儿童的社会、文化背景复杂。无论是课堂"合作学习"关系的构筑、校内同僚性的构筑，或是作为"学习共同体"的学校改革的推进，都交织着重重困难。不充分地认识这种艰巨性，改革是不会成功的。

## 二、启动的时刻

2005年5月21日，我造访了大阪府高槻市立第八初中（校长谷崎惠美子）。该校受静冈县富士市岳阳初中改革的启发，从去年开始着手"学习共同体"创建的改革。正如我已介绍的那样，岳阳初中的改革为处于闭塞困局的全国中学教师们展现了改革的希望。在整个日本，已有三百所以上的学校引进"岳阳模式"、展开了学校改革的挑战，高槻市立第八初中就是其中之一。

在阪神地区，着手创建"学习共同体"的学校，小学达数十所，初中十多所。不过，这些学校尚未成为稳定的基地学校。近年来，在阪神地区的学校中，致力于"学习共同体"创建的学校估算下来至少超过了百所。但是，这些学校的改革终究是半途而废了，未能形成如其他地区那样的稳定的基地学校。近几年来，由于我自身的公务与学会方面的繁忙工作，尽管收到数不清的邀请，但在阪神地区能够伸出援手向他们提供帮助的学校还不到十所。尽管我希望构筑更加密切一些的关系，但由于日程安排，终究是不可能的。

不过，仅有的十所学校的改革尽管在勉勉强强地持续着，但没有形成别的地区的基地学校那样的稳定地位，所有学校都是半途而废。即便是达成半途而废的改革，也不是轻而易举的事情。通过我的造访，尽管想"重新做起"，但这种"重新做起"在几个月之后又停顿下来了。由于这种状态，即便前去，我的合作与建议也没有任何意义。这种关系是最坏的。与其说是教师们自身推进改革，不如说是由于我的造访与建议，期待"迎头赶上"与"重新做起"，从而产生"得寸进尺"的状态。我不得不要求断绝关系。一旦表达了这种意向，对方一定会传递改革的热情说，“我们在做着××课题呢”。受这种热情的牵制前去造访之后，应当说是“未履行合同”，同请求时商定的内容不同，上年度同意的事项几乎没有去做，于是又得“重新做起”。为什么会造成这种状态呢？这在全国其他地区的学校是不可能发生的事情，为什么唯独阪神地区的学校会陷入这种状态呢？我想，我仍然没有充分地认识到阪神地区学校改革的艰难性。

↑两节公开课的情景。

我之所以接受高槻市立第八初中的邀请，是因为无论如何必须在阪神地区构筑“学习共同体”建设的稳定的基地学校。倘若没有稳定的基地学校，那么，现今这个地区挑战“学习共同体”创建的百来所学校是不可能取得充分的成果的。接受邀请的另一个理由是，在高槻市立第八初中推进“学习共同体”创建的骨干教师是神宫司竹雄老师。近年来，神宫司老师造访全国各地的“学习共同体”创建的学校，他是充分认识到阪神地区学校改革艰难的一位教师。我想，他所在的学校或许能够突破阪神地区学校改革的艰难，因而抱有一线希望。

## 三、坚实的一步

高槻市立第八初中是一所每个年级拥有四个班级的中等规模的学校。我造访的

5月21日是星期六。配合我的日程，这一天兼作家长的参观日，研讨会也定在这一天。由于是星期六，来自临近学校的七十九名教师赶来观摩教学，参与研讨会。上午的第一、二节课在所有教室里上“公开课”，第三、四节课进行“研究教学”，下午围绕“研究教学”召开“教学研讨会”[②]。清晨一到学校，我就在谷崎校长的陪同下参观了所有的教室。因该校的校区位于老地方，有许多家长来校参观。不过，大多的家长是从走廊上透过窗户来参观课堂的，或是热衷于在走廊上同家长们交谈。在教学参观日家长在走廊里交谈而不走进教室的现象，几年前在东京都也发生过，转瞬之间已是全国流行了。谷崎校长同每一个家长打招呼，请他们进入教室。

在课堂里进行的教学就是平日的课。每一个教师根据“相互倾听的关系”、“相互合作的关系”，挑战着课堂教学的创造。几乎所有的教室里课桌椅都是按照U字型排列的，引进了基于小组学习的“合作学习”。尽管教学改革才刚刚开始，但教师真诚的愿望真真切切地传递给了所有的学生。我分别用几分钟的时间在各个教室转了一圈之后，就可以明了这所学校作为“学习共同体”的基地学校加以培育的愿景了。这跟我听了神宫司老师描述的该校状态时所抱有的直觉是一致的。

第三节的“研究教学”，是2年级的国语课，由内本义宜老师上的题为《亲近短歌，认识正冈子规》[③]的公开课。首先，内本老师举了几个学生们知道的古典短歌的例子。然后以留有一部分空白的方式，出示了包括《salad纪念日》[④]在内的现代短歌，让学生进行填空活动。最后转入正冈子规及其作品的介绍。教学的展开分量极重，因而学生的学习是片断地进行的。

据说内本老师挑战“研究教学”完全是他本人的意愿。内本老师的困惑在于，拘泥于同步教学的方式而不能自拔，同学之间相互交响的课堂创造也没有进展。

第四节的“研究教学”是1年级数学，丹家敬老师通过扑克游戏，上了一堂题为《正数与负数的乘法》的公开课。竞赛的办法是：抽出黑桃1、黑桃2、黑桃3各两张，红桃1、红桃2、红桃3各两张、然后黑桃4的一张，共计十三张的扑克牌，分配给小组。黑桃为正，红桃为负。十三张之中藏起一张，给小组里的三人各发四张，再给剩下的一人发一张。如此操作两次，按每人手持的四张牌计算得分。当学生们一旦习得了正数与负数的乘法，丹家老师就提出高难度的问题：“A同学、B同学、C同学是同样的分数。这时请思考一下，剩下的一张扑克牌是什么？”这个问题对于观摩教学的老师也是一个难题。但是，学生们花了一些时间之后，四人小组全都解决了这个难题。“合作学习”显示出令人惊异的威力。

## 四、每一个人的挑战

在教学研讨会上，校内观摩者围绕如下三个重点进行全员的点评交流：

1. 教学的成功之处何在？

2. 教学的失败之处何在？

3. 从这堂课中学到了什么？

观摩者的发言都是具体的，基于教学的事实，刻画出“学生的学习状态”、“学生之间的关系”、“教师与学生的关系”、“教材与学生的关系”。

关于内本老师的国语课指出了如下的问题：内本老师的话语过快过多，而且没有沉默的间隔，仅仅是言语片断的堆积，没有学生之间的相互沟通。内本老师诚实、温和的人品得到了学生全面的信赖。但是，为什么这堂课成为教师独白的单向传授呢？我指出，他应当从其自身前任学校里的恶战苦斗的精神创伤之中摆脱出来，这是改变教学的最根本的课题。果不其然，内本老师在以前学校的胡乱状态之中遭受了深刻的创伤。通过在这所学校里的“学习共同体”创建的挑战，内本老师一定会取得巨大的飞跃。其第一步是信赖学生，认认真真地同学生们一起，为每一堂课的教学创造展开不懈的挑战。

关于丹家老师的数学课，大家指出，丹家老师的精神压力远比从前低了，课堂话语是经过选择的，没有任何废话。丹家老师说，观摩了富士市岳阳中学的数学课之后感动不已。他们在沉稳的、宁静的“合作学习”之中，实现了每一个学生的高难度的挑战性学习状态。正是丹家老师获得的教学愿景，支撑着这个课堂的“合作学习”。

这样，高槻市立第八初中的“学习共同体”创建，迈出了创造阪神地区稳定的学校改革基地的步伐。这个挑战的成果如何，取决于今后该校教师真诚的、细致入微的日常教学实践的进展。在这里寄托着我们的希望。

**译注**

① 黛博拉·梅尔(Deborah Meier)，纽约大学教授，著名教育家。长期致力于穷人孩子与富人孩子都受到平等的教育，更重视穷人孩子的教育，她的学生90%来自非洲与拉丁美洲。在她创办的学校里，倡导主动探究性学习，而教学是以了解儿童思维的五个习惯为前提的。这就是：①是怎么知道自己知道的东西的；②是从谁的观点中获得的；③自己与他人的观点之间有什么关联；④如果是这样的话，会发生什么事情；⑤对谁来说是受益的。她还主张进行混龄教育，加强不同

群体之间的交流,构建合作学习的网络。2007 年 5 月,曾应邀在华东师范大学课程与教学研究所作题为《课堂中学生的想象力、同情与兴趣》的学术报告。

② 根据佐藤学研究团队的经验,课后的教学研讨会一般包含了 A—E 的上位范畴与 1—15 的下位范畴。当然,不是每回都得囊括这些范畴的问题。这些范畴是:A. 分享别的教师的情感与感想(1. 交谈各自对教学的印象与情感;2. 对别的教师发言的接纳与附和);B. 课堂教学事件的关联(3. 课堂事件与事实的发现与指出;4. 课堂事件的关联);C. 别的教学实践与本教学实践的关联(5. 比较课堂教学活动,同以往教学的关联;6. 回想并联系别的教师类似的实践;7. 同别的教师的类似经验的关联);D. 从元认知的视点生成意义(8. 以不同的表达重述教学的价值;9. 从课堂事件引出抽象的概念与原则;10. 不同视点与见解的提示;11. 事件价值的转换与再认知;12. 把学科与教材内容置于更广语脉的地位;13. 就儿童的发展与视点展开议论);E. 对教师的教学、课程与教材及学习环境进行原则性的议论(14. 就具体情境的处理置方法展开议论;15. 就课程与普通教学法展开议论)。参见秋田喜代美、佐藤学《新时代的教职入门》,有斐阁 2006 年版,第 122—123 页。

③ 短歌,系由“五・七・五・七・七”共 5 句 31 个音组成的“和歌”的一种文学样式,在日本古代广为传布。平安时代以降,所谓的“和歌”即指“短歌”。正冈子规(1867—1902),日本俳句诗人,和歌作家。东京大学文学科退学后入“日本”报社(1892 年),发起俳句改革运动,指导和培育了俳句诗歌刊物《杜鹃》,致力于被誉为“日本派”的革新的俳句诗风的普及。著有俳句诗集《寒山落木》、和歌集《竹的里歌》、俳句诗论《獭祭书屋俳话》等。

④ 现代女流歌人俵万智(たわら・まち)的歌集的名字。“salad”系色拉、生菜。

# 28

## 跨越国境的"学习共同体"

中国、韩国

### 一、全球化时代的学校改革

"学习共同体"的创建,跨越了国境走向国际化。这是全球化的时代。以往我所推进的"学习共同体"创建的学校改革,在美国通过合作研究的研究者得以付诸实践;从五年前开始,承担教育政策诊断的墨西哥教育部也推进了这一实践。不过,"学习共同体"的创建在欧美以外的国家得到普及,这是始料未及的。最初的惊讶是伊朗教育学者莫霍梅德·阿拉尼(Mohamed Arani)先生带来的。阿拉尼先生是名古屋大学值得信赖的教育学者,他在的场正美教授的指导之下完成了关于课堂研究的博士论文。回国之后,在德黑兰推进"学习共同体"创建的学校改革。在伊朗,教师是女性的工作。课堂被蒙上一层面纱,教师们是孤立的。打开被封闭的教室、构筑教师们的同僚性的故事,体现了教师成长的原点,是令人激动的。

"学习共同体"的创建跨越了国境,在异国的土地上推进着。倘若考虑到全球化的背景,这种动向或许是理所当然的。从数年前开始,在印度尼西亚就已经活跃地展开了"学习共同体"的创建。教育部的政策制订者、地方教育委员会的政策执行者、大学的研究者、校长和教师们,分成了若干小组来我的研究室访问,走访茅崎市滨之乡小学与富士市岳阳初中,印度尼西亚各地的大学附属学校与公立学校在推进着"学习共同体"的创建。

印度尼西亚承担“学习共同体”创建的核心是JICA(国际合作机构)的斋藤英介老师。斋藤先生是一位专攻国际教育、拥有博士学位的优秀教育实践家。印度尼西亚尽管是亚洲国家中民主化进程落后的一个国家,但教育行政却引进了加拿大的制度,加快了近年来的民主化。斋藤先生在那里介绍了我所倡导的“学习共同体”创建的愿景,站在了改革的前沿,为印度尼西亚教育民主的发展作出了贡献。

2005年5月,斋藤先生送来了反映JICA小组协助改革的学校(附属高中与一般的公立高中)“合作学习”状态的照片。看到这些照片,可以确信,学生们是从容和谐地“合作学习”的。仅从照片反映的课堂布置就可以确定教育水准的高度。不过用了两年的努力就实现了这么一个境界,我实在为JICA的人员、印尼的校长和教师的改革精神所折服。

8月,岳阳中学原校长佐藤雅彰先生赴印尼进行了两周的访问,走访了印尼各地的“学习共同体”创建的基地学校,展开支援活动。我们期待,通过JICA所结成的日本与印尼之间的学校改革的互动,能得到进一步的发展。

## 二、在中国与韩国的普及

近年来,作为“学习共同体”的学校改革在海外得到广泛普及的是中国,如今在韩国也正在得到推广。我的作品译本的出版也是改革的一个契机。我的作品在亚洲广泛传布,成为促发教育改革的一个媒介,这是完全没有料想到的。我的作品都是以日本教育或是欧美教育作为对象,加上英语发表的论文的基础上写成的,被译成德语、法语、西班牙语,没有想到也被译成亚洲的语言。

对于创建“学习共同体”的学校改革的关注,上海华东师范大学钟启泉教授的团队早在十多年之前就已经准备就绪了。钟先生曾在大阪教育大学留学,拥有教育研究的经验,在中国教育的学校改革决策方面发挥着主导性的作用。钟先生几乎读遍了我的作品,翻译、介绍了一系列以课程为中心的相关作品。

其中,我的代表作——三部曲《课程论评:公共性的重建》、《教师的难题:走向反思性实践》、《学习的快乐:走向对话》(均为世织书房)被译成中文,作为“世界课程与教学新理论文库”由教育科学出版社出版[钟启泉译《课程与教师》2003年版,钟启泉译《学习的快乐:走向对话》2004年版],非比寻常。这套译丛的出版也受到中央教育科学研究所朱小蔓所长的推荐,博得中国众多教育学者的关注。另外,同是华东师范大学的李季湄教授翻译了《变革课堂，学校改变》(小学馆)，以“静悄悄的革命”为题由长春出版社出版(2003年版)。这个译本作为创建“学习共同体”的指南，成为中国教师研修的畅销书。

创建“学习共同体”的学校改革，在中国的中小学实践情况如何呢？无论如何，这是一个广袤的国家。网上检索一下“学习共同体”和我的名字，有数百条之多，让人预感到将会有相当的普及，但具体的情形一无所知。去年10月，我应邀去北京，在中央教育科学研究所举办的演讲会上，有来自中国各地的师范大学的听众参加，许多人都在议论如何推进“学习共同体”创建的问题。不过，我并未造访这些中小学。

唯一的我曾经造访过的学校，是去年10月应华东师范大学邀请之际前往的上海市的一所学校——新黄埔实验学校，作为华东师范大学课程与教学研究所的基地学校，该校校长王洪伟老师让全校的教师阅读我的作品，挑战创造性的实践。众所周知，中国都市的学校教育水准原本就高，书面测验的学力是世界一流的。不过，据说这个世界一流的教育水准是靠划一的应试教育来推进的，这就是以往中国的中小学教育的实态。在这样的教室里，如今“宁静的革命”正在进行。新黄埔实验学校是“宁静的革命”中的先锋学校之一。

参观课堂之后给我的一种突出感觉是，所有课堂里的教与学都是训练有素的。我曾经对中国的课堂教学抱有一种成见，总以为仍然束缚于划一的、一味追求效率的、竞争性的教学之中。但在这所学校里这种成规旧习已成为历史。在这里，任何一间教室都在活跃地推进“思考”与“探究”来展开教学，而且有意识地组织“合作学习”。尽管是个人主义强烈的国民性，“合作学习”却在顺利地实施——这种面貌给了我深刻的印象。同时，教师们的教育学见识的积累也令人惊异。中国的学校改革，一方面是贫富差距的扩大与市场经济弊端的恶化，另一方面是如同这间教室所表明的，在朝向创造性教育的道路上奔跑。特别是在美术与音乐之类的艺术教育领域的教学改革的进展，夺人眼球。

新黄埔实验学校改革的关键词是两个——“探究”与“合作”。无论是课堂中儿童们的学习还是跨越课堂的教师们的研修之中，都贯穿着“探究”与“合作”这两个原理。倘若要举另一个关键词，那就是“优质”的追求了。或许是上海有其地域性，这所学校推进的改革并不是以往的学校教育的“改革”，而是具有前瞻性——21世纪新中国的社会所需要的“优质教育”的“创造”。这种变革是急速的。“疾驰的中国”——这就是我得到的强烈印象。

### 三、支撑改革的民主化浪潮

印度尼西亚和中国的“学习共同体”创建得以普及的根本，是亚洲国家民主化的浪潮。在这二十年间，同教育与社会的保守化加剧的日本形成鲜明对照的是，亚洲各国在长年来消除军事政权与专制独裁历史的民主化浪潮之中，推进教育改革。最显著的例子就是近年来韩国的教育改革。

在韩国，对于“学习共同体”关注的高涨，是以我的作品的翻译出版——《教育改革的设计》（岩波书店）2001年在韩国发行孙于正译的韩文版——为契机的。孙先生是在我的指导下取得东京大学博士学位的优秀教育学者。该书在发行之后不久，成为韩国教育部的推荐图书，同时也成为刚刚合法化的教师工会的推荐图书。自那时以来，每年都有韩国的教师组团来访，去滨之乡小学与岳阳中学的参观者络绎不绝。

在这期间，在汉城的私立学校里尝试着诉诸“学习共同体”的学校改革。一些学校经历了断断续续的、起伏不定的改革历程。此后，孙老师陆续翻译出版了我的其他作品——《厌学的孩子们》（岩波书店）、《变革课堂，学校改变》（小学馆）、《课程论评》（世织书房）等。“学习共同体”创建的学校改革从去年开始有了飞跃的发展。孙先生的“学习共同体”研究项目获得了国家研究基金，她升为研究员之后，于去年11月在釜山

↑印度尼西亚伦邦第一高中“合作学习”的情景。

大学设立推进“学习共同体”的教育研究所。建设“新教育共同体”、培育“民主的市民”这一政府的教育政策，构成了这个研究项目的背景。

就任釜山大学教育研究所所长的朱哲安先生，获哈佛大学博士学位，还翻译了倡导“学习共同体”的教育学家塞吉瓦尼（Thomas J. Sergiovanni）的著作。在该研究所的成立仪式上，我荣幸地应邀作纪念讲演，我预感到，它的反响将是巨大的，它会创造出一个创建“学习共同体”的新的改革运动来。

一年半之后的今年10月，我再次接受孙先生的邀请，在釜山大学教育研究所作演讲，并参加教师的研究会。据说，釜山市教育委员会提出了创建“学习共同体”的政策，计划举办以校长为中心的讲习会。在一个月前，孙先生与釜山市教育委员会的领导造访了茅崎市教育委员会与滨之乡小学，就在一个月后，运用基于网络的电视视频会议的方式，以釜山市教务主任为对象，我从东京大学的研究室向他们作了关于学校改革的演讲。

在釜山大学的演讲会上，听讲者远远超过了原先设想的三十名校长，有将近一百名校长和教育委员会的领导参加。更令人惊异的是，演讲会之后进行了基于课堂录像的课例研究。这个课例研究会以推进“学习共同体”创建的一线教师为对象，安排了从晚上8时至11时的满满登登的时刻表。原先也是设想三十名的参与者，但尽管是直至深夜的研究会也有从汉城赶来参与的，研究会规模超过了百名。他们都是着手了“学习共同体”创建的改革，在一线致力于改革的实践者。而且，围绕课堂的发言和议论，达到了可与日本推进“学习共同体”创建的学校媲美的水平。

如此急速的改革的普及在一年前是无法想象的事，仅仅在一年之间就获得了如此的进展。我不能不佩服孙老师的热忱的献身性的活动与能量，同时，我也感谢釜山大学教育研究所各位朋友的协助。这种“宁静的革命”的浪潮是谁也阻挡不了的。

在仍然复杂地交织着保守的权力构造的韩国学校组织之中，尽管“学习共同体”的创建一定会经历无数的考验，但是，只要撼动整个韩国社会的民主化浪潮持续地向前，那么，“学习共同体”创建的实践就一定会作为21世纪的学校模式得到强有力地推进。

# 29

## 校际互动

大阪府茨木市丰川中学校区

### 一、中学校区教师的互动

2005年8月22日，我参加了大阪府茨木市丰川中学校区的教学研讨会。在丰川中学校区，有丰川初中和三所小学——丰川小学、郡山小学以及去年开办的彩都西小学。这四所学校与校区幼儿园、丰川中学的许多毕业生上学的府立福井高中的教师，以同和人权教育为基础，合作展开了多年的教学研究。我同丰川中学校区合作，从事学校改革并初次参加教学研讨会，是在五年前。我倡导的"学习共同体"创建的学校改革开始在丰川小学展开，接着在丰川中学发起挑战，然后扩大至郡山小学，去年开办的彩都西小学也开始了。

同一个校区的幼儿园、小学、初中的教师展开合作，推进教学研究、进行学校改革的丰川中学校区的做法是富于魅力的。以往也有过同样的做法，不过这种方式的学校改革一般来说都是困难的。"学习共同体"的创建，通过同一校区的学校展开合作会形成一定的声势，但如此的学校改革并不是一蹴而就的。为了在四所学校实现"学习共同体"的创建，仍需花费四倍的心力去创办一所基地学校。而且，必须认识到，在这种方式的场合倘若花费了几年工夫还形成不了一所基地学校，改革的工作终将是徒劳的。从这个意义上说，以社区为单位的多所学校同时推进学校改革的方式是令人怀疑的。

但是，倘若同一个校区的学校之间进行"学习共同体"创建的校际互动，其效果将会大大提高。在儿童面临种种困难的地区，幼儿园与小学、初中在教育上的衔接是重要的。从这个意义上说，在同一校区里展开校际互动，把握每一个儿童的发展、教师合作展开教学改革，可以期待单一学校单枪匹马地从事“学习共同体”的改革所不能实现的效果。

五年前，丰川中学校区开始了教学改革的合作研究。我站在了三岔路口上。那时，围绕校区的校际互动推进“学习共同体”创建方式的孰是孰非问题众说纷纭，况且又是一个忙碌不堪的时期。两年来，我因大学与学会的工作缠身，每年顶多只能安排一两次的机会造访丰川中学校区。倘若要协助丰川中学校区四所学校的改革，就得花费四倍的精力，这是无法办到的。首次造访丰川中学校区也是在暑假前的结业式的日子里。在当日结业式结束之后举办了公开课，学区的教师来校参与了研讨会。在此后的四年里，丰川中学校区一直是在星期六让学生上学才得以举办课例研究；或是利用暑假的一天，学区全体教师一道进行学校的课堂录像分析。

## 二、改革的新起步

由于半途而废的合作，要求多所学校同时展开改革是十分困难的。我认识到自己没有担当起充分的责任，因此同丰川中学校区的合作到去年为止，今年决意抽身。四年来并不是没有一点进步。丰川小学积极地推进“学习共同体”的创建而成为这个地区的基地学校，就是一个实实在在的成绩。郡山小学也在第三个年头，同丰川小学一样，积极地展开课堂改革。新办的彩都西小学也从第一个学年开始致力于“学习共同体”创建的活动。不过，在丰川初中，所有教师公开课堂共同探讨是困难的，学生的学习也发生了停顿的现象。这样，就必须至少利用一天，把丰川初中的所有教室走一遍，以便诊断整个学校的现实，明晰改革的焦点，跟每一位教师进行座谈并作出帮助。然而，即便是这样的一天也不可能实现。我别无他法，只能放弃了。

推翻我的这个决意，促使我从推卸责任的无力感之中解脱出来的，是丰川初中的田中老师、丰川小学的山本老师等几位教师。山本老师和田中老师比谁都清楚，在社会、文化、经济处境不利的学生众多的丰川中学校区创建“学习共同体”是何等必要。即便学校的步伐并不整齐，也得推进持之以恒的改革。只要足以信赖的教师能够持续地发起挑战，我也会尽绵薄之力，负起继续合作的责任。想法改变之后，便决意拟定暑假的日程，参加一天的研究会。

## 三、脚踏实地的步伐

今年划时期的进步，是丰川初中所有教师开放课堂，围绕各年级学生“合作学习”的事实举办研讨会。所有课堂里的课桌椅都按照U字形排列，引进基于小组学习的“合作学习”。六个月之后，就可以看到成果了，改革的这一步是非同小可的。由于丰川中学的“学习共同体”创建活动进入了轨道，丰川小学、郡山小学、彩都西小学也都迎头赶上，迈开了创建“学习共同体”的步伐。在改革开始以来的第五个年头，能有这样的成果也是了不起的。我本打算要一直对自己强调“不能急于改革”，但丰川中学校区所取得的出色成果令人感到，他们确实在一种无法确认的紧张情绪下努力着。我不能不佩服田中老师和山本老师的坚持不懈的挑战。

这一天的教学研讨会，上午是丰川小学笹川千昌老师4年级(1)班的算术课录像——《怎样变化的呢》——的视听与讨论。下午是丰川初中千原康干老师的初中2年级历史课录像——《镰仓时代的产业发展》——的视听与讨论。由于是四校合作的研讨会，所以参加者有百人上下。会议伊始，主持人提议“今天，请所有与会者都发表各自的意见”。实际上，所有与会者都根据课堂录像作了即兴发言。每一个发言都掷地有声，而且对执教者关爱有加。这也是五年来的珍贵成果。

笹川老师的算术课是，把边长1厘米的正三角形排列成带状，借助作业三角形的数与带状之周边长度的关系，并用“文字式”来表现这种关系。笹川老师一开始就确认“三角形与周边长的关系”，在黑板上列表表示“三角形的数”与“周边长度”的变化之后，让学生做一个作业：每一个学生递几个边长1厘米的正三角形，排列成带状，把“三角形的数”与“周边长度”的两个数之间的关系，制成表格。通过表格的制作而发现的“规律”用“文字式”记录在笔记本上，然后各小组围绕“文字式”展开讨论。

笹川老师是一位勤奋好学的教师。在作为初任教师赴任的前任学校里工作过三年。据说，她为了改变从不搞公开教学也不搞校本研修的学校，提议教师展开自我教学研究，创造教师研修的机会，并付诸实践。转入丰川小学之后，虽然作为教师的研修机会多了，但由于一年半的产假，因此直至今春才投入公开课的准备。这是一位浑身渗透出勤奋好学的教师所共有的朝气蓬勃的年轻教师。

在教学研讨中大家确认，尽管有人怀疑“旨在认识函数关系的教材是否适于作为教科书教材”的问题，但笹川老师克服了这个难点。她准备了大量的正三角形，通过作业来引导学生思考。讨论的中心放在课堂中每一个学生的学习与困惑上。

大家确认，特别是在小组活动中为使学习困难的学生能够通过求助同学来参与教学，教师活动的中心在于引导学生埋头于小组作业；教师尽可能少讲精讲；不是个别的回应每一个学生的问题，而是把学生与学生的思考“串联”起来。

笹川老师的出色之处是，她自身乐于同儿童一起进行数学推理。正是这个基轴创造了这个课堂的稳定感。笹川老师谦恭地“倾听”儿童的话语。倘若教师专注于学生之间的发言与讨论，产生更深刻思考的“合作学习”就一定能够实现。

下午，大家讨论丰川初中千原老师的课堂录像。之所以选择初中2年级的课堂，是因为这个年级的课堂难以形成“合作学习”。

千原老师为了讲授镰仓时代市场的形成，准备了放大的彩色复印件——描述冈山县的福冈市市貌的《一遍上人绘传》[①]。在出示之前，千原老师为了引发学生的兴趣并同他们的生活关联起来，询问儿童关于“自由市场”的问题，在讨论买卖的基础上，分发《一遍上人绘传》的彩色复印件。然后进入小组学习，让学生讨论何谓买卖，从这幅画中可以知道什么。千原老师的用意是，使学生通过《一遍上人绘传》所描绘的当时的市貌与教科书刊载的《大山寺缘起图》插秧情景的两张绘画出发，想象镰仓时代生产的发展，认识到“农业的发展→剩余产品→市场的形成与商品作物→商业与运输业等产业的发展”。

自由市场的引进并没有达到千原老师期待的效果。根据两张绘画直接让学生思

↑电视教学研讨会的情景。

考“镰仓时代产业的发展”的意图也没有获得预料的效果。但是，在小组作业中儿童们仔细地观察了绘画，活跃地交换了意见。应当说，勉强过得去。

## 四、恢复信赖与合作

不过，除了基于小组的学习情境之外，可以感受到这个班级的人际关系是非常糟糕的。例如，女生不想参与全班的讨论活动，只是默默地抄写板书。这个年级的学生在小学阶段经历过了班级崩溃，这种精神创伤是深刻的，信赖与合作关系崩溃了。即便是千原老师的基于真挚与诚实关系的课堂教学，在学生的相互不信任与孤立的高墙面前，也显得无能为力了。

在教学之后的教学研讨会上，也讨论了这个班级学生之间的相互不信任与孤立的问题。实际上，这个年级的人际关系的恶化，只要略微扫视一下班级就能明白的。除了基于小组的“合作学习”的情境之外，发言只限于男生，看不到女生参与全程讨论的状态。

在这个课堂里，倘若构筑了“合作学习”关系的基础，通过诸如千原老师那样的一次次的课堂教学中引进小组活动，就一定能够恢复学生之间强有力的相互信赖与合作的关系，这是需要教师工作的细腻性与严谨性的课题。

小学的教师们观摩了这堂课的情景后议论纷纷地说：“小学的责任真是巨大。”尽管前途多艰，却扎扎实实地跨出了改革的新的一步。我们期待着未来的进展。

**译注**

① 一遍（1239—1289），镰仓中期的僧侣，时宗的开山鼻祖。为普度众生巡游全日本，劝导民众念佛，被誉为游行上人、捨圣。《一遍上人绘传》系描绘一遍游历列国的教化生涯的长篇画卷，具有极高的艺术价值。

# 30

## 以学习为中心的学校改革的开端

富山县富山市立奥田小学

### 一、学习的景致

2005年10月8日(星期六),在富士县富山市立奥田小学召开了创建"学习共同体"的公开研讨会。富山市的小学同战后一贯推进教学创造的堀川小学一样全国知名。奥田小学与堀川小学同是县内拥有严谨的教学传统的小学。过去,全日本的各个地区都有教学创造的基地,这些学校在课例研究与校本研修中承担着相当于附属学校的作用,实施了每年一次的公开研讨会。不过,从学校的危机表面化的1980年前后开始,这些学校几乎丧失了作为基地学校的性格。此后,作为基地学校发挥功能,每年召开一次公开研讨会的学校寥寥无几,奥田小学则是其中之一。

教学研究与校本研修的长年传统,倘若不能得到革故鼎新,那就会沦为保守主义与形式主义。去年上任的该校校长寺西康雄老师,决心推进"学习共同体"创建的活动,旨在革新与发扬教学研究与校本研修的传统。寺西老师提振"学习共同体"创建活动的契机是我所主持的电视记录节目,那是七年前的事。尔后,寺西老师阅读我的作品,造访茅崎市滨之乡小学等创建"学习共同体"的学校,摸索改革的实践。他几年来一直在邀请我,如今终于实现了对奥田小学的造访。

寺西校长赴任奥田小学面临的一个课题是,从传统学校派生出来的教师的顽固性与教学的形式主义,导致了教师研修流于形式,这决不能说是真正热衷于研修。在我以往造访的学校中也有所谓的热心研修的学校，大多是追求课题教学的形式化与划一化，教师之间的同僚性也只是局限于借助一部分教师的权威性指导而定型下来的。这样，学生们看起来似乎是在活跃地交换意见，但其内容往往是表面的、形式的。由于是凭借虚假的“主体性”组织课堂教学，学生们尽管在活跃地发表见解，但这些思考既没有深度，也看不出“合作学习”的关系。大凡教学研究与校本研修陷入形式主义的学校，几乎都标榜“主体性”研究的课题。这是耐人寻味的现象。

我从寺西校长的介绍中听到了该校的现实状态，认为要克服教学研究与校本研修的传统学校的顽固性与形式主义是相当困难的。实际上，从该校的教学录像看来，教师尽管是认真的、直率的，但这种认真性与直率性丧失了每一个教师的个性与活跃的创造性。寺西校长决心着手改革，确实是英明果断的。

不过，面临巨大的阻力也是事实。我接受了寺西校长的请求，但在本年度只造访一次的情形下，是否能够有所贡献，实在是焦虑不安的。帮助我摆脱这种困境的是在全国各地协助我推进“学习共同体”创建的石井顺治老师（三重县退休校长）。石井老师在 6 月和 9 月造访该校，考察了所有课堂，参与课例研究并作出建言，大大激励了教师们的改革热忱。

## 二、挑战的萌动

在公开研讨会上，不仅富山市，而且县内外的中小学都在学习奥田小学的新挑战。大约有五百名教师来访，从上午的公开教学开始，无论哪一间教室，观摩者络绎不绝。

虽然这是我初次来访的学校，但改革已迈出了踏踏实实的一步。在所有课堂里，教师都是轻声细语，课桌椅按 U 字型排列，教师坐的椅子摆在中央。这是为教师能够以平视的姿态组织课堂对话而准备的。教师们都能够以“倾听”每一个学生的意见与议论为中心，来应对学生。当然，教师们是否仔仔细细地听取了学生们的意见与议论，又如何把它们串联起来的，仍然是有待努力的。不过，师生之间轻松自如地应对、学生们生动活泼地参与教学的姿态，显示了该校教师探索并分享“合作学习”的课堂愿景的事实。“合作学习”的课堂愿景的形成与分享，在改革当中是头等重要的。奥田小学的教师们已经跨出了珍贵的一步。

学生们的面貌也是令人难忘的。尽管在许多课堂里还不时可以发现一些学生表现出的来自旧习的手势语言。[1]但随着教师摆脱了形式主义，学生们也从形式主义的束缚下解放出来了。如今相互倾听的关系尽管并未成熟，但已从“定型化教学”中挣脱出来，在同学之间自然而然的沟通关系逐渐形成起来了。四人小组的“合作学习”也引进了，基于个体与个体合作的“冲刺与挑战性”的“合作学习”也开始了。构筑课堂中的“相互倾听”关系、形成“合作学习”的格局，通常需要花六个月以上的时间。在奥田小学，“合作学习”的课堂将在本年度普遍成型。可以说，这是脚踏实地的一步。

在第一节与第二节的“公开课”结束之后，是一个小时的分学科组的“与执教者对话会”。以往安排的是“学科协议会”，组织观摩者对执教者提出意见与建议的研讨会。今年废除了这种方式，而安排“与执教者对话会”，旨在观摩者与执教者之间能够自由地展开对话。这种变更是成功的。各门学科都有众多的观摩者参加，执教者与观摩者之间畅所欲言。在往年，公开课一结束，几乎所有观摩者都散去了，从未有那么多的观摩者同执教者展开交流的。寺西校长的办学口号是“人人是主角”。这种学校建设与公开研讨会也取得了扎扎实实的成果。

## 三、模型的创生

下午，是川端纪代美老师的公开课——与6年级学生一起学习宫泽贤治的《山梨》[2]，并围绕这节课公开进行课例研究的校本研修。公开教学与公开研讨是推进“学习共同体”创建活动的固定方式。在“学习共同体”的创建中，教学改革与校本研修是不可分割的。

为容纳下五百名的观摩者，课堂改在学校的体育馆里进行。在观摩者落座之前，学生们已经在轻声地朗读课文《山梨》了。观察学生们的姿态，我十分惊叹：可以说是“革命性”的改革在川端老师的课堂里创生了。关于川端老师教学的模式，我在暑假里见到过吉野研修主任手头的课堂录像。那是6月份摄影的录像。直至去年为止，它是奥田小学课堂教学的典型。我把自己对课堂录像的意见转达给了吉野老师。数周之后，川端老师参加了我出席的新潟县教师的教学研讨会，明确了“合作学习”的课堂创造的愿景。这就是现今学生们表现出来的面貌。在教学开始之前，我就预感到，即将开始的《山梨》课一定会比以往所观摩到的《山梨》课更为精彩。直觉告诉我，这将是奥田小学改革的纪念碑式的一步。

↑新任教师新多由佳老师在讲授国语课文《魔奇树》。

“好，现在开始上课。”川端老师一声静静的呼唤，这堂课就开始了。今日的景色是“12月”。从第一个学生的发言——“5月的景色很恐怖，不过，12月似乎变得明媚快乐了”——开始，接二连三地表达了各自对“12月”的印象。其间，川端老师询问了一句：“从哪儿得到这种印象的呢？”于是，大家展开了三只蟹及其影子“像跳舞似地”追逐着“山梨的圆影”的议论；进而又对比了“5月”“清晨”的“日光”景色与“12月”“黑夜”的“月光”景色。“月光”的光线犹如“柠檬汁瓶子”的光线，上面镶嵌着“珍珠与宝石”，发出“青白色的火苗”和“宝石般的闪光”，晶莹剔透。学生们记住了《山梨》课文中的一些细节描写。一段发言一旦言及课文中的形象，就会在学生中间引发涟漪般的反应，交流着各具个性的阅读形象。这些发言本身不仅相互贯通，而且也使人联想起课文语句之间的关联。这是确立了每一个学生相互倾听关系的明证。川端老师聚精会神地倾听着，必要时会向他们询问“在哪里写着”以便把学生们的发言串联起来，这样的课文解读是充分的。

这是一堂无懈可击的课。不过，有一处川端老师的判断是错误的。川端老师原本预设的小组讨论的课题是用“扑通”来表现的山梨坠落的状态。但是，学生们已经真正领悟到“扑通”的感觉，已达到了超出预想的水准。察觉到了这一点的川端老师的判断是确凿的。不过，究竟在哪里为学生提供“挑战性”的学习，展开小组讨论，他的判断却是不准确的。这样，他设定了自认为“容易讨论”的“等待山梨成熟的蟹的心情”，作为小组讨论的课题。但是，这个课题不仅远离了学生的阅读，也远离了《山梨》这一课文的价值。一名女生却敏锐地察觉到了这一点，她把话题立刻转移到“月晕闪闪烁烁”的样子。正如这名女生的发言所暗示的，在这里，倘若抓住“12月”的景色里反反复复出现的“青光”与“青白色光”的不同，展开小组讨论，学生们的思考一定会得到聚焦与升华。尽管如此，除开这一点，川端老师班级的学生们对《山梨》的解读及其“合作学习”，确实是令人惊叹的。

## 四、崭新的一步

以川端老师的课堂教学作为课例展开研讨的校本研修方式也是精彩的。从新教师到校长，每一个人的发言方式都体现了该校的真实状态：从一部分教师为中心的校本研修发展到每一个教师都是主角的校本研修。研讨的内容也发生了巨大的变化。从历来讨论“教师的教法”转变为讨论“儿童的学习”事实（成功之处何在，困惑之处何在）；从历来观摩者对执教者“提意见”转变为观摩者从执教者的教学事实出发讨论“学到了什么”。会议主持者从头至尾把握研讨的进展，并不急于凝练话题、得出“结论”，也是一大特征。

奥田小学“校本研修”的讨论发生如此的变革是在几个月前，其成果是扎实的。以往被遮蔽了的教师的声音不仅能够自由地、坦率地发出来了，而且对于每一个学生的学习事实的观察细致入微，进一步明确了教学的复杂性与深奥性。这也是与几个月前相比不可思议的进步。

奥田小学的公开研讨会向国内外昭示了富山县“学习共同体”创建的基地学校的诞生。不过，正如闭幕式上寺西校长所强调的，这一步是珍贵的，但今后还会面临诸多艰难险阻。我们期待着这所学校能够不急不躁地、一步一个脚印地前行。

**译注**

① 佐藤学教授说：“让儿童演出虚假的‘主体性’的课堂是很多的。最常见的一种就是借助‘手势语言’来进行的教学。所谓‘手势语言’，就是诸如表示赞成前面同学的发言时举出‘布’的手势，反对时就手握拳头表示‘石头’，提问时则举起‘剪子’。在观摩课堂教学时，没有哪一次看不到‘手势语言’的教学。但是，‘手势语言’不仅操控了儿童的动作，而且被迫使用‘手势语言’的儿童丢弃了思考与情感的多义性与复杂性，不断地被强制性地将自己内心产生的思考与情感划

分为‘赞成’、‘反对’、‘提问’三类。一部分赞成、一部分反对的见解；或是既不赞成也不反对的见解，从一开始就被弃之不顾了。然而，教学当中价值最高的或许恰恰是那些模糊的、多义的见解。唯有尊重这些模糊的、多义的见解，才能在课堂中形成个性化的、多样化的认识，借助交流与分享，使得每一个儿童不断臻于更丰富、更深刻的认识。”佐藤学进一步指出：教师不能忽略“那些微妙的、不确定的、模棱两可的思考，和矛盾、冲突的复杂情感的价值”，因为，“不确定的思考和表达往往在创造性的思考与表达中更能发挥充分的威力”。参见《变革课堂，学校改变——从综合学习到学校课程的创造》，小学馆 2000 年版，第 25—29 页。或参见佐藤学《静悄悄的革命》，李季湄译，长春出版社 2003 年版，第 18—21 页。

② 宫泽贤治（1896—1933），日本诗人、童话作家、农业研究家。创作了诸多富于宗教之心与科学精神的独特的诗歌与童话，有诗集《春与修罗》，童话《订单多多的料理店》、《银河铁道之夜》等。《山梨》系宫泽贤治创作的短篇作品名。该书描述了从河底看见的山梨果实一年的情景变化。

# 31

# 尊重教师个性与多样性的合作研究

福冈县直方市立直方东小学

## 一、改革的中心思想

2005年11月11日，我参加了福冈县直方市立直方东小学的公开研讨会。这所学校坐落在市营公寓、县营公寓与住宅大楼林立的社区里，今年迎来了建校二十五周年纪念日。这是一所拥有学生五百六十五名、十八个班级、二十六名教职员的市内最大规模的学校。

接到该校的邀请是在三年前。不过，由于每年受邀学校多达一千多所，我早已力不从心，无暇他顾。只好拜托茅崎市立滨之乡小学的研修主任(当时)福谷秀子老师代行造访，传达“滨之乡模式”的“学习共同体”的要旨。

直方东小学的永富淳一校长开始着手“学习共同体”创建是在六年前。在全国校长会上，同滨之乡小学的大濑敏昭校长相会，对于学校改革的愿景产生共鸣。当时，在前任校担任校长的永富老师就曾让教师分批造访滨之乡小学，着手“学习共同体”创建的改革。三年半前，他调任直方东小学，同前任校一样，每年分批让教师造访滨之乡小学，推进“学习共同体”创建的改革。

福冈市与直方市等北九州地区是活跃地展开“学习共同体”创建改革的地区。同我直接联络的学校就将近有百所。不过，近年来，由于公务繁忙，合作事宜难以为继。这样，这个地区的稳定的基地学校只限于别府市青山小学等几所学校。从这个角度说，这也促成我造访该校的念头。

造访直方东小学，我学到了两件事。一是学校改革方针的明确；二是永富校长的领导能力与教职员之间的同僚性的牢靠。基于当时的公开研讨会而出版的报告书——《教师变了，儿童就会变，学校就会变——基于个人研究的教职员的相互学习》，我在前一天就在下榻的宾馆里阅读了。了解到该校的教师研修，正如这份报告书的标题所示的，有了相当的积累，令人感动。公开研讨会当天的早晨，我向永富校长说出了我的感想："出色的三年，扎实的成果。"永富校长当即回应说："嗯，多亏了老师们哪。"我对永富校长的这个应答也深为感动。倘是一般的校长，当改革成果受到赞赏时往往会发出"没有功劳也有苦劳"之类的沾沾自喜的话，永富校长却回应说，应当受到赞赏的是每一个教职员。正是这样的校长才是值得每一个教师信赖，才能带领每一个教师充分发挥自己的创造性，心情舒畅地挑战改革。

永富校长在报告书的"前言"中作了如下的描述，这是显示该校改革特点的一段话："在 2002 年度，学校改革委员会提出的口号是'真正的学校改革是从内部开始的'，'系统的改进'、'合作研究的方式'、'学校例行活动的修订'、'周课时的修订'、'学校评价的引进'等经全体教职员的审议。……本合作研究《基于个人研究的教职员的相互学习》是旨在摆脱'奉命研究'的旧习，作为学校改革的一环而创造的研修方式。"

## 二、以个人研究为中心

永富校长对于教职员没有一句怨言，对于学校改革的辛劳也没有半点牢骚。永富校长的话语全是对现实的洞察与未来的展望。他深知，学校改革是需要持续十年以上长时间的潜心改革的事业，所以不能急躁。他信赖每一位教师，从容不迫地推进着改革。

该校的改革是如何克服困难获得进展的呢？在公开研讨会的教学观摩与研讨的间隙，我向几名教师打听了一下。他们在三年半前起步之际，谁都还摸不着门。永富校长倡导"真正的学校改革是从内部开始的"，提出"培育儿童学习的教学创造"、"同僚性的构筑"之际，几乎所有教师都理解不了其宗旨，只记得联想起旧有的"指定研究"的恶弊，而作出了种种抵制与反叛。教师们对于提及"以教学创造的研修为中心的学校经营"，想到的不是"自主研究"而是"奉命研究"。永富校长倡导的基于两个原理——"作为专家的专业性(真实)"与"丰富的人性(诚实)"——的教师形象，并没有为教师们所理解。

直方东小学的改革是从“摆脱奉命研究”出发的。学校不再实施统一课题的研修，而是每一个教师自己决定“个人研究课题”；每一个教师自己寻求支持“个人研究”的导师，实施“自选导师制度”的校本研修。基于“个人研究课题”的研究与“自选导师制度”是引进“滨之乡模式”的方式。教师的“个人研究”与“合作研究”的一体化追求是直方东小学校本研修的特点。

基于“个人研究课题”与“自选导师制度”的“合作研究”这一校本研修体制是培育每一个教师的个性与自律性的基础。当初唠唠叨叨“自由最困难”的教师们，在改革的第二年形成了“培育儿童学习的教学创造”的形象，明确了各自的“个人研究课题”。下面列举“个人研究课题”的若干具体例子：“人人喜爱的体育运动”；“通过学习与‘合作学习’提高思考力的学习活动的尝试”；“培育自学能力与共同学习能力的教学创造”；“儿童喜爱的音乐教学”；“提高教师经营参与意识的学校经营模式（校长）”；“明晰运营视点的校务运营（教务主任）”，等等。

→发表自己的感想。

←注视同学发表感想的儿童们。

在直方东小学还有一点受到重视的，是校本研修的“日常性”与“持续性”。该校每一个教师每年至少必须为同僚上一堂公开课，并且举行教学研讨会讨论这节课。一般所谓的“研究教学”，需要花费大量的时间，一年只能举办一两次的公开教学。但该校的公开课是日常化的，从教学的事实出发共同研讨公开课的教学研讨会所费时间比备课时间更多。而且，永富校长自身也同其他教师一样，挑战课堂教学，向同僚开放自己的公开课并参与教学研讨会。由于校长的以身作则，该校的“同僚性”以更亲和的关系发展起来。

## 三、创造相互学习的课堂教学

在公开教学研讨会上，上午第一节是全体教师的公开课，第二节分三个分会进行，各自举办提案教学——

A. 培育儿童主体性学习的教学创造。

B. 与儿童一起共同学习的教学创造。

C. 叩响每一个儿童心弦的教学创造。

下午是基于三个提案教学的研究讨论和我的题为“培育儿童学习的教学创造”的演讲。三个“提案教学”是通过提名候选的方式产生的。他们是：渡边佐智子老师（5年级（2）班）的《面积》课，芦谷浩一老师（4年级（1）班）的《人权》课，沟边利枝老师（6年级（1）班）的《合唱》课。

渡边老师的公开课让我们看到了儿童们围绕求平行四边形面积的方法，展开了多样见解的交流；芦谷老师的公开课旨在以儿童相互倾听关系为基础，克服职业差别，形成儿童对劳动的科学认识；沟边老师的公开课自然柔美，给人以美妙合唱的印象。所有这些课堂都以具体的教学事实显示了该校“培育儿童学习的教学创造”的成果，唤起了观摩者的共鸣。

正如直方东小学的教师们在研讨会上异口同声说的，这一天的公开研讨会不是“三年研究的终结”，而是“新的研究的开端”。这一天，我观察了所有的课堂和所有儿童的学习状态，对该校教师的教学改革热忱佩服不已。同时也认识到，以儿童的“合作学习”为中心的教学改革尚存在若干必须克服的课题。我在演讲中指出了如下的课题：

1. 为了构筑儿童“合作学习”的关系，教师的语调应当更加沉稳，教师的话语尽可能压缩。强化每一个教师“倾听”每一个儿童的发言、讨论的声音与沉默之声的心理准备。

2. 为了构筑“相互倾听”的“合作学习”的关系，就得研究儿童课桌椅的摆放方式，特别是低年级课堂的课桌椅配置以 U 字型或扇形为宜，以使儿童之间更加靠拢。中、高年级则以 U 字型或四人小组为宜。撤销讲台或把讲台摆放在教师的一侧，以全体儿童能够看见教师的身躯为宜。

3. 课堂教学中教师的工作是“倾听—串联—反刍”。研讨会有必要讨论这三件工作应当如何展开，特别是以“串联”为中心的意识，需要在该校的教学改革中得到进一步彰显。

4. 我发现一些课堂教学出于发现儿童“长处”的宗旨，要求儿童之间展开相互评价的活动。不过，为了构筑“相互倾听”的关系，应当停止让儿童们进行“相互评价”。“相互倾听”的“合作学习”关系同“相互评价”的“合作教学”关系是彼此对立的。

5. 为了构筑“合作学习”的关系，需要设定更高水准的学习课题，并采取四人小组(男女生混合编组)的“合作学习”方式(3 年级以上)。该校的教学仍然停留于表面活跃的单向教学。应当认识到，这种教学往往徒有其表、有教无学。

6. 无论在理论上还是在实践上都必须克服一味追求“主体性学习”的教学。学习的本质不在于“主体性”，而在于“受动性”与“应答性”。为了提高学习内容的水准与“合作学习”的关系，与其强调“主体性学习”，不如强调依存于他人、应答他人的学习。

## 四、“同僚性”的可靠性

直方东小学的公开教学研讨会就“培育学习的教学创造”这一目的而言，是处于“新的开端”的地平线上。不过，这种开端凭借永富校长的引导所构筑起来的“同僚性”而获得了坚实的基础。研修主任三好永修老师在报告书中论述了支撑该校合作研究的“三心”——诚实之心、谦逊之心、关爱之心。

他说：“忠诚的人无论对儿童还是对同僚必定是忠诚的；对同僚谦逊的人在儿童面前也必定是谦逊的。在关爱他人的人的周围必定是充满着关爱氛围的。‘三心’尽管肉眼看不见、不能用数值测量，却是无比重要的人品。试设想一下，倘若我们的教职员室和课堂遮蔽了所有这些品性——以谎言与私利替代了诚实；以傲慢替代了礼让；以冷酷替代了关爱，那么，在这样的环境里，我们究竟能够学到什么呢！在上课之前，大家都会逃之夭夭吧。”①

三好老师说得好。事实上，我自身也一直在追求教师的“三忠诚”的精神境界，这就是：忠诚于每一个儿童的尊严；忠诚于教材的发展性；忠诚于自身的教育哲学。“三忠诚”的境界在现实的教学中往往是龃龉不合的。但是，唯有不折不扣地寻求“三忠诚”境界的教师，才能开拓学校与课堂的未来。直方东小学的教师们构筑的“同僚性”②，就彰显了“三忠诚”的境界，这是寄托着希望的、无坚不摧的高尚人格的境界。

**译注**

① 日本教育界崇尚中国的孔孟之道。三好的“三心说”不由得联想起中国古代思想家诸多关于“君子之道”的精辟阐述。孟子曰：“君子所以异于人者，以其存心也。君子以仁存心，以礼存心。仁者爱人，有礼者敬人。爱人者，人恒爱之；敬人者，人恒敬之。”（《孟子 · 离娄下》）可以认为，这也是教师应当追求的为人之道和处世境界。

② 系指中小学教师基于共同的教育愿景，在频繁地探讨教育活动、展开新的教学创造的过程中所建立起来的“合作性关系”，谓之“同僚性”。参见秋田喜代美、佐藤学《新时代的教职入门》，有斐阁 2006 年版，第 138—139 页。

# 32

## 持之以恒的改革

*爱知县安城市立安城西初中*

### 一、学习的风景

爱知县安城市立安城西初中在2005年也举办了公开研讨会。我同该校的联系可以追溯到八年前。其契机是日本NHK(日本广播协会)的《特写现代》节目中介绍该校的综合学习,我在演播室里作了评论。我的评论引发了该校教师的同感,从第二年开始,便邀请我参加他们的公开研讨会。当时的校长是神谷老师,他是一位挑战综合学习,并发展到各门学科的教学改革,在创建"学习共同体"的学校改革中取得了累累硕果的名校长。

第二年,神谷校长退休,新任校长是高桥老师。校长一旦更换,学校改革往往就会中断。这是因为,任何一位新任校长都喜欢跟前任校长划清界限,重新着手新的改革。但是,在安城西初中"学习共同体"的创建却没有中断。可以说,每一个学生真心实意的"合作学习"的姿态支撑着教师们持之以恒的改革。

三年后,高桥校长也退休了,由深津校长接任。这一年,以"无名英雄"继续支撑改革的教务主任也在2005年春调任他校,处于改革中心的研修主任也调走了,长年致力于改革的教师也大半被调往他校。在这个时点上,我也灰心丧气,以为持续五年的改革不得不戛然而止了。然而,新任的深津校长、神谷副校长和岩井教务主任都表态说要继续"学习共同体"的创建。这一年,新任的十三名教师几乎全员希望继续改革。

"学习共同体"创建的改革没有中断而是在继续。在深津校长和岩井教务主任的领导下,在今年(开始以来的第八个年头)迎来了第二年的公开研讨会。

↑平河老师在上化学课——《探索烤饼鼓起的秘密》。

仿佛是祝福改革的持续,今年的校园周边盛开着大波斯菊花。学校附近的农家,每年都要在割完稻谷的田地里栽植大波斯菊,借以激励容易烦躁的中学生们。近年来,农夫们特地调整了花期,让大波斯菊能够在公开研讨会的日子里怒放。在几年前的公开研讨会上,一位农夫说道:"大波斯菊唯有亲手所栽才会美丽地绽放。大波斯菊绝不会辜负人们的一片苦心。"这是他对教育的殷殷期望的一句箴言。

## 二、持之以恒的改革

安城西初中是位于以丹麦式农业闻名的安城市郊的一所学校,学生数六百四十二名,教职员四十三名。尽管是大型学校,但"学习共同体"创建的改革为什么能够持续地进行呢? 其答案可从高桥校长时代领导研修的教务主任柴田老师身上找到。用柴田老师的话来说,"潜心改革"是在四年前。那是在公开研讨会的前日在宾馆进行磋商的时候,当时高桥校长和柴田教务主任说:"直至去年是以'倾听关系'为题展开研修的,今年决定进入下一步的课题——课堂教学中的'串联'。"感到改革停滞的我,不假思索地大发雷霆:“谈不上什么积累就转入新的研修课题,是不应当的。倘若如此,教师们只能原地踏步地进行学校改革。”柴田老师从我的这句话中意识到“每年反复地进行同样的改革的重要性”。据说,自那时以来,该校的教师们能够“潜心改革”了。

确实,柴田老师的认识是对的。学校改革是至少需要花费十年光阴的大事业。一般说来,教师们容易把学校改革看得过分简单。所以,每一年都改变研修的课题,最终一事无成。仅仅花上几年时间就出版《研究报告》,无论是研修还是改革都中断了。这样的研修与改革无论如何积累,不过是徒然浪费精力与时间罢了。应当开展更为谦逊和真诚的改革。如果希望改变学校,那么,同样的“研修课题”至少应当持续十年以上。通过长年累月地反复挑战同样的研修课题,学校改革才能扎扎实实地展开。

## 三、借助同僚性克服困难

同别的学校一样,在安城西初中持续进行改革的最大障碍也是频繁人事变动。这跟欧美中小学的校长与教师几乎不调动的状况形成了鲜明的比照。在日本的中小学,校长大体是每三年调动一次,每年有五分之一的教师也得调动。同欧美的教育学者与教师谈起这种状况,谁都会说:“在这种状况下,学校改革是无法进行的。”这种反应恐怕是正确的。不过,人事调动的积极面也不是没有。在欧美的中小学,即便改革了一所学校,其影响力也不会波及别的学校。在日本,一所学校的改革却能够影响到该地区其他学校的改革。倘若在一个地区能够建设一所基地学校并持续十年改革,那么,对于临近学校的影响将是莫大的。

话虽如此,安城西初中的人事变动是激烈的,每年将近有三分之一的教师调动。人事变动的激烈性是创建“学习共同体”改革的宿命。茅崎市滨之乡小学、富士市岳阳初中也是这样,每年都有三分之一的教师调动。所有教育委员会都倾向于把优质校的教师调往困难校,把困难校的教师调往优质校。尽管这也是理所应当的,但从推进改革的角度看来,在每年有大量的教师调动的状况下要持续地进行学校改革,是不容易的。无论改革的积淀如何坚实,一旦崩溃,将会前功尽弃。持续地进行改革要比启动改革花费更多的能源。

不仅爱知县如此,近年来人事调动造成的困难更加严峻了。由于小班制的设置,兼职教师和临时聘用教师的数量激增,改革的持续更加艰难。安城西初中亦不例外。去年有十五名教师调动,今年则是十七名。在今年十七名调入的教师中有十名是临时聘用(六名)或兼职教师(四名)。他们几乎都是第一次站上讲台。今年新任教师也有一名,是专职的新教师,因此是初任者研修的对象,能够接受资深教师的指导与帮助。但是,兼职教师和临时聘用教师连这个机会也没有,他们只能单打独斗。倘若兼职教师和临时聘用教师占了教职员的四分之一,专职教师的工作自然会更加繁忙。尽管如此,安城西初中的教师们为了推进"学习共同体"的创建,在半年的时间里,每个年级组都进行了教师研修,全校总计组织了五十次的观摩课与课例研究。正因为人事变动频繁,况且兼职教师和临时聘用教师的比率高,所以有必要增加教学观摩的机会,增加课例研究的机会,增强同僚性、丰富教师们共同成长的机会。

媒体没有报道,小班教学与小班制的引进在财政拮据的地方自治体实施的场合,专职教师的人头费往往被用于兼职教师、临时聘用教师的人头费。这种举措造成了学校问题的激化。安城西初中的状况亦不例外。直至五年前,所有都、道、府、县的中小学只限于兼职教师替代产假教师,一所学校只有一人左右。仅仅五年间,情况发生了巨大变化。在引进小班制的都、道、府、县(四十五个道、府、县)的中小学,兼职教师和临时聘用教师泛滥。可以说,像安城西初中那样合作研修的机会在半年里实施五十次的学校是绝无仅有的。日本的中小学到底能够坚守多久呢!

## 四、赢得学生的支持

上午,该校开放所有的课堂。在所有课堂里,没有一个学生不参与学习。所有课堂的课桌椅都按照U字型排列,引进小班制。通过八年的持续改革,学生们确实成长了。学校的使命与责任就在于保障每一个学生的学习权。从这个意义上可以说,安城西初中是充分发挥了学校的使命与责任的一所学校。当天的公开研讨会有来自全国各地的一百五十多名教师参与,所有观摩者都为每一个课堂里真挚的"合作学习"的学生的姿态所感动。

就我而言,印象深刻的是长年推进"学习共同体"创建的教师们的课堂教学。该校执教五年以上的教师只占全校教师的五分之一,但可以说,他们的教学水准在全国也是名列前茅的。确实是名不虚传。该校连续八年的改革打造了优质教育的基础。

不过,兼职教师和临时聘用教师的课堂教学,坦率地说,只相当于"教育实习"的水准。这是理所当然的。课堂里教师的工作是极其复杂的、高难度的,是站上讲台不足一年的教师难以驾驭的。尽管如此,所有课堂里的教学都超越了一定的水准。其秘密就在于学生。通过持续的改革，所有课堂里的学生都构筑了“相互倾听”的关系，成长为“能够适应任何教师的学生”。这就可以了。可以毫不夸张地说，学校改革得以持续的最大关键就在于赢得学生的支持。

## 五、今后的课题

公开教学的第二部分，是研讨今年转任该校的平和太郎老师的初二理科——《探索烤饼鼓起的秘密》(化学变化与分子、原子)公开课。下午召开围绕这节公开课的教学研讨会。

平和老师的公开课的内容是通过实验确认：把掺入了发酵粉的小麦粉与没掺入发酵粉的小麦粉加热，结果掺入了发酵粉的小麦粉膨胀起来。由此推断其理由。

在公开课的教学研讨会上，大家指出，尽管平和老师的声调仍然过高，但语言精练，实现了每一个学生相互沟通的关系。这个班级的学生喜欢基于小组学习的“合作学习”，小组中学生之间相互关照的关系是成熟的。教学研究会围绕每一个学生的具体学习状态，交流与分享了观摩者细致的发现。

安城西初中的这些课题，不仅增加了教学观摩的机会，而且正如平和老师的研讨会那样，就观摩到的事实进行了更为细致的、认真的讨论，这是十分重要的。特别是公开课后的教学研讨，期望能够确保充分的时间，从而谋求改革的进展。该校教师由于教龄的差异而造成的课堂教学水准的差异是清清楚楚的。教师需要有学校与课堂改革的经验交流。重要的是，教师基于学校与课堂的事实，探讨改革愿景的哲学。只要坚守了这一追求，该校的改革就一定能够持续地进行下去。

# 33

## 第一等的学生

长野县立望月高中

### 一、高中的挑战

2005年12月3日，我参加了长野县佐久市的县立望月高中的公开研讨会。在长野新干线的佐久平车站下车后，同直至去年还担任望月镇教育主任的荻原昌幸先生一起，赶往望月高中。望月镇在去年被并入佐久市，不久前全镇还在荻原昌幸教育主任（当时）的领导下，推进"学习共同体"的学校改革。望月镇有一所幼儿园、四所保育园、四所小学、一所初中，以及县立高中——望月高中。所有这些幼儿园、小学、初中、高中一起在推进"学习共同体"创建的改革。由于望月镇并入佐久市，望月镇教育委员会撤销，但以教育委员会的土屋圭老师和荻野老师为中心，组织了"望月教育社"，坚持望月镇教育委员会推进的"学习共同体"创建的改革。这一天，是改革的基地学校——望月高中的首次公开研讨会。

信州盆地的冬天是严寒的。同支援这个地区的学校改革的信州大学村濑公胤先生一道进入教室，就看到一个个女生各随所好地用毛毯把自己的身躯包裹得严严实实的情景。这种课堂景观是那么淳朴，令人怜爱。望月高中是一所拥有一百二十七名男生、八十六名女生，合计二百一十三名学生的小型普通高中。

在全镇全市挑战"学习共同体"创建的地区，尽管在望月地区之外也存在，但高中成为改革的核心推动力的，唯独这个地区。那么，为什么在望月地区，高中能够积极投入“学习共同体”创建的改革呢?

这个疑问的答案可以从课堂里学生们的姿态中得到。观摩任何一间课堂,你可以发现学生的淳朴,每一个人都在诚心诚意地支撑“合作学习”。望月高中是一所东信州地区接纳学习困难学生出名的学校。不仅是学习困难的学生,而且望月高中每年的新生之中有二至三成是初中时代的辍学生,其中大部分的学生曾经流落社会。我在观课过程中看到班级同学相互关照、专心致志地挑战高水准学习的面貌深受感动,至今记忆犹新。像望月高中的学生们那样真心诚意的挑战学习的学校,如今还存在多少呢!

望月高中着手“学习共同体”创建的改革还不足一年。正如我的期待,该校的“学习共同体”创建的改革已初见成效。观摩所有课堂就可以发现,每一个学生的学习权得到了保障,趴在课桌椅上、拒绝学习的学生业已绝迹。而且,他们乐于彼此之间的合作,致力于高水准的“合作学习”。望月高中的学生称得上是“第一等的学生”。

## 二、维护学生的尊严

望月高中的改革有它的历史。那是校长吉田茂男老师赴任第一年(2004 年度末)的事。当时有五名学生卷入了暴力事件,在加害者的监护人与被害者的监护人之间发生了激烈的对立。根据学校规章制度,可以对五名学生以勒令退学的处分。不过,以吉田校长为中心的教师们通过反反复复的对话——教师之间的对话、学生之间的对话、家长之间的对话,把五名学生的暴力行为判为“教育过失”所致,由学校承担责任,并反复讨论了“学校为谁而办”的问题。对这一事件处置的过程中最大的成果是学生们对于教师的信赖。该校的学生在向初中生介绍该校的特色时说,本校是“信得过的学校”。

该校着手“学习共同体”创建的改革是在第二年。最欢迎“学习共同体”创建改革的是学生。所有教室里的课桌椅是 U 字型排列的,所有教师引进了基于小组学习的“合作学习”。“学习共同体”创建的改革大约经历了六个月。对于“学习共同体”创建的改革,学生比教师更欢迎,其宗旨与方法亦更易被他们所理解。学生们在发现着每日每时的课堂学习的意义,发现着相互学习的伙伴,发现着支撑学习的教师,发现着自身的希望。

↑飨场老师在上生物课——《遗传的构造》。

该校的教师们也对“学习共同体”创建的改革深信不疑。不管怎样，是每一个学生的活生生的变化促使教师形成了这种确信。自从一年前的事件以来，这所学校已成为把师生之间的信赖关系视为无比重要的学校。学生们自豪地说：“师生融洽是我校的强项”。创建“学习共同体”改革的宗旨被注入了学生的心田。最大的变化莫过于学校与课堂的氛围了，体现了在和睦、安静的环境里专注于学习的学生的面貌。实际上，每一个观摩者无不感到，所有课堂里教师的声调是沉稳的，师生之间的沟通也是幽默和精彩的。这是倾听关系业已形成、对话性沟通业已培育的明证。

观摩所有课堂之后发现的另一个印象深刻的事实是，教师追求的学习水准并不低。这个事实，对于像望月高中那样拥有大量学习困难学生的学校来说是至关重要的。数年前，为了把握所谓“垫底校”辍学激增的实际情况，文部科学省进行了辍学生的专题调查。根据调查，辍学的第一个理由是“上课内容过分浅显”，第二个理由是“没有理解自己的老师”。对于这个调查结果感兴趣的我，也拜托几所“垫底校”进行了同样的调查，答案是同样的。

这个调查结论令教师们感到意外。“垫底校”的教师们之所以设定低于通常高中的水准进行教学，是为了得学习困难学生的学习变得容易而扎实。对“没有理解自己的老师”的理由，教师们也感到意外。因为，在辍学的学生中间，来教职员室缠住教师谈话的学生也很多。不过，这两个分歧对于探讨“垫底校”的教育模式，不正是提供了重要的警示么！

以学习困难学生为对象展开不降低学习水准的教学，不仅是关系到保障学生学习权的问题，而且对于维护学生的尊严也具有重要意义。这些学生希望自己都能从低学力层摆脱出来，这种希望成为上高中的最大动机。在三年期间一天也不休息，教学的程度倘若停留于现状程度以下的学力层，那么，学生想离开这样的高中是理所当然的。

一直缠住教师喋喋不休地交谈的学生，对于“没有理解自己的老师”感到绝望，因而辍学。这也是情有可原的。辍学的学生缠住教师交谈，恐怕是无意识的，或许是试探一下这位教师，自己的哪些话被听进去了。他们没能说出最想让教师听的重要的话就离开了高中。

跟一般的高中不同，教师们受到学生的信赖，师生齐心协力挑战高水准的教学，这是望月高中的两个强项。这两个强项有一个共同点，那就是扎根于学生的学习的尊严。

## 三、挑战高水准的学习

这一天，望月高中公开了所有课堂，而鹫见克江老师的《家庭综合》(2 年级福利课程)和飨场良仁老师的《生物》(3 年级)则作为“共同观摩”(下午的教学研究会的研讨对象)课，向全体观摩者公开。

无论是鹫见老师的课还是飨场老师的课，都是比教科书水准高出一筹的、挑战优质教学的公开课。鹫见老师的课是《裁缝》。从坐垫、手套、拖鞋、布娃娃中选择题材，发挥创造性，希望从事设计的学生，挑战基于自己设计的制作。轻声交谈、相互激励、从事作业的男女学生就像着了魔似的专注于穿针引线。让人印象特别深刻的是在课堂里难以跟同学和教师协调的佳子(匿名)。她突然燃起制作熊布娃娃的欲望，通过自身的努力，设计并制作了出色的作品。支撑整个工程的课堂里同学们的落落大方、从容不迫的品性，也是可圈可点的。

飨场老师的《生物》课的题材是“各种各样的遗传”。在确认 ABO 血液型的遗传方式之后，说明世界上八个国家的 ABO 血液型的分布与“基因频度”的概念，最后提出问题——“若某地区基因 ABO 的基因频度，A 为 0.3，B 为 0.1，O 为 0.6，那么，A 型、B 型、AB 型、O 型的比率分别占多少？”在小组与全班展开探究性教学。飨场老师的课追求高于教科书的教学水准这一点是重要的。在教科书中阐述了ABO血液型的遗传形式,但未论及"基因频度"的概念。利用"基因频度"进行复杂的遗传现象的概率计算,是大大超越了教科书的水准的。

鹫见老师和飨场老师都是沉稳的资深教师。他们都同样信赖学生,展开返璞归真的教学。他们对学生的言语是经过推敲的、凝练的,毫不拖泥带水。所以,学生能够安心地接受教学,没有一句闲谈的话语。仅凭这些,我们就可以从他们身上学到许多东西。

尽管飨场老师设定的学习水准是高的,但学生们运用计算器、相互小声地交换意见后,几乎全员都完成了这个复杂的课题。中途有几个学生回答上一节课缺席的同学的提问。这种状态是清新自然的。

## 四、未来的展望

在公开研讨会的全体会上,吉田校长报告说,望月高中正处于十字路口。6月24日,长野县教育委员会接受田中康夫县知事的意向,发布并校计划,决定将八十九所县立高中合并成七十五所。作为供审议用的"草案"公布的预定合并的十四所高中校名中也包括了望月高中。东信州地区拥有大量学习困难学生的望月高中,位居合并校的头名。在望月高中,紧急召开了教职员会、校友会干事会、PTA干事会,展开了要求教育委员会撤回成命的签名运动。不过,撤回成命终究是出于困难形势的方针大逆转,希望渺茫。所以,选择"多部制·学分制高中"作为候选方案,开展谋求望月高中存续的运动。向"多部制·学分制高中"转换对于该校来说倘若可能的话是想回避的道路。不过,倘若不转换为"多部制·学分制高中",望月高中的存续是不可能的。公开研讨会实施的12月3日至4日之后,还准备召开"救救望月高中"的居民大会。

正如望月高中的案例清楚地说明的,现在是处于危机与生机并存的局面。倘若仅仅看到危机,那就只能是悲叹与绝望。"第一等"的面貌彰显了改革的希望。公开研讨会结束之后,我们在驱车赶往佐久平站的途中看到了国道旁的农田里竖立着一块巨幅看板,上面写着:"救救推进学习共同体创建的望月高中"。高中未来的希望就是学生未来的希望,就是地区未来的希望。为了这个希望的实现,在今年也一定会同心协力地持续下去。

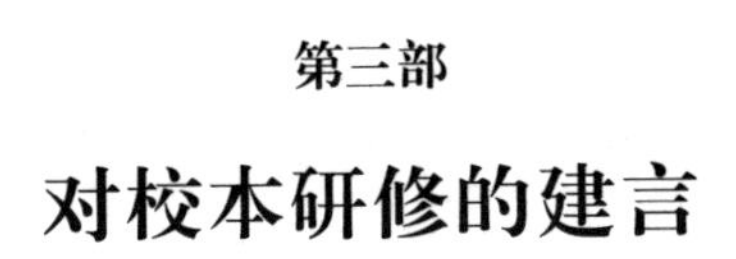

## 第三部

# 对校本研修的建言

# 34

## 构筑“同僚性”的校本研修

内发的改革

### 一、为什么进行研究

学校只能从内部发生变革。学校从内部发生变革的最大原动力就在于教师作为专家构筑起亲和与合作的“同僚性”(collegiality)。但是,以往校内的研修是在促进每一个教师的个性化的多样化成长,构筑教师作为专家的同僚性么?无论在哪一所小学,通常一年间会进行三次左右的校本研修,举办基于课堂观摩的课例研究。但是,一年三次左右的校本研修,教师就能作为专家成长起来、学校就能得以变革么?况且,在这些校本研修中,执教者几乎都是年轻教师。让年轻教师上课,前辈教师观摩其教学之后对其作出这样那样的指点——所谓“校本研修”大多是采取这种方式进行的。受到这样那样批评的年轻教师往往情绪低迷,当夜会被请到小酒馆里由前辈教师好生劝导,安慰他说:“我在年轻时代也是这么过来的。”这简直是流氓的入会式!借助这种校本研修,教师们是不可能构筑起相互学习、彼此合作的同僚性的。

另一方面,在接受文部科学省、县和市町村教育委员会指定的学校里,会制订二至三年的规划,推进以研修部为中心的统一课题下的研究。其研究成果会在最终年度结集成《研究集录》,通过包括了提案教学在内的公开研讨会来加以发表。不过,花费了庞大劳力编辑、印刷的《研究集录》,教师会认真阅读么?在推进这些指定研究的学校中,当指定年度结束之后持续进行研究的学校还存在么?“如此指定研究,四五年轮不到一回,何必那么在意呢!”——在如此无所谓的心境之中,这种研究竟又有多大的价值呢?

热衷于校本研修的学校是教育学部的附属中小学。附属中小学是以实践研究为使命的学校,以展示教育实践及其研究模式为使命的学校。任何附属中小学都会以学校经营为中心设定校内研修,推进校内研修要花费多出通常公立学校教师数倍的时间与精力,并公开其成果。但是,直至深夜还在加班加点的献身性研究方法,能够成为一般公立学校的“模式”么?借助这种校本研修能够培育出社会视野、学术视野广阔的教育专家么?

教师们或许认为,热衷于校本研修,就会产生好的学校、好的教师、好的教育——也许这是一种朴素的信念,但我是不敢苟同的。越是热衷于校本研修,学校越是扭曲,教师越是扭曲,教育越是扭曲。这就是现实。我们必须重新审视:如何切断这种恶性循环。

必须首先重新思考的是校本研修的目的。几乎所有的中小学均规定校本研修的目的是“上好课”。然而,学校的责任就在于“上好课”么?教师的责任就在于“上好课”么?不是的!学校的目的以及教师的责任就在于:实现每一个儿童的学习权,保障挑战高水准学习的机会,为民主主义社会作好准备。倘若一年之后,这个课堂里哪怕有一个儿童的学习权没有得到保障,就会出现厌学的儿童,那么,这所学校就不能说是尽了责任的,教师也不能说是尽了责任的。

## 二、多样的经验与见识的交流

推进“学习共同体”创建的我,把学校改革的中轴设定在教师作为专家培育的“同僚性”上;把学校经营的轴心设定在校本研修上。在作为“学习共同体”的学校中,教师自身必须从“教育专家”转型为“学习专家”。必须在保障每一个儿童的学习权得以实现的同时,也保障每一个教师作为专家成长的机会。

我所倡导并推进的校本研修,其目的、性质与方式是不同于以往中小学的校本研修的(参考文献:大濑敏昭、佐藤学编《变革学校——滨之乡小学的五年》,小学馆;佐藤雅彰、佐藤学编《公立初中的挑战——富士市立岳阳初中的实践》,行政出版公司2003年版)。在这里,概要地归纳一下校本研修的原理与方式:

——所有教师每年起码需要上一次公开课,积累课例研究经验。

——任何一名教师关起门来教学，是不可能从内部变革学校的。作为公立学校的教师，无论怎样出色地工作，每年从不向同僚上自己的公开课的话，我也是不敢苟同的。为什么呢？因为，即便这位教师的工作何等出色，但只要关闭了教室，儿童就被私有化了，教室被私有化了，学校被私有化了。学校，是教师团队同心协力实现每一个儿童学习权的场所。

况且，为了构筑每一个儿童之间"合作学习"关系，构筑教师作为专家的"合作学习"关系，从经验而言，必须有百次左右的缜密的课例研究。教学是超出了一般教师想象的极其复杂的工作，是一种智慧的作业。为了实现以学习为中心的教学改革与教师作为专家的成长，基于教学观摩的两小时左右的课例研究的讨论，需要有百次的积累。为了达成上述目的，必须展开日常的教学研究，必须充实教学后的"反思"(reflection)①，而不是满足于课前的教学"设计"(planning)。以往的校本研修，一般是花费几天的时间醉心于课前教案的探讨，课后的研究却往往草草收场。因为，研究目的仅在于追求"上好课"而已，研究方法受"假设—验证"模式所支配。然而，在一节课的教学探讨中采用"假设—验证"模式是非科学的，是没有任何意义的。应当研究的事项不是"假设—验证"，而是"事件意义的多样性解释"，是"事件关系的结构性认识"。而在以创造"学习"为目的的课例研究中，应当着力研究的是"学习的成功之处和学习的失败之处"，缜密地研究课堂的事件才是中心课题。在作为教育专家促进教师个性化成长的校本研修中，研究课题应当是每一个人自己设定的，不应当设定校内统一课题，或者至少必须限制在最小范围内。

以往的校本研修是由学校设定一个课题，然后教师把这个课题加以具体化来进行研究。倘若大学和研究所采用这种方式，那是滑稽可笑的。课题研究应当根据个人设定的题目加以推进，提出独特题目的个人与同僚合作加以推进。在中小学也是同样。教师的实践研究应当是个性化、多样化的，必须借助这种多样性的交流，促进每一个教师作为专家的成长。

### 三、研修会研讨的改善

在构筑同僚性的校本研修中有必要改善研讨的方式。以往的校本研修一般是观摩者针对教学的改进作点评、提建议。这种方式应当从根本上加以纠正。假定观摩者针对某个教学情境中执教者的"教法"建议另一种"教法"，这种建议有什么意义呢？即使是限定在某种情境中,“正确的教法”也有上百来种吧。观摩者向执教者提议另一种“教法”,仅仅是提示了观摩者的“教法”而已,除此以外,没有任何意义。执着于自己的“教法”的观摩者与其向执教者建议,不如在自己的教学中尝试一下该“教法”。

更重要的是,在教学的研讨中执教者与观摩者之间形成的“观摩—被观摩”的关系是单向的权力关系。无论是外行的学生还是资深教师都能说出“充足的意见”,而执教者只能处于惟命是从的境地。执教者对攻击与评判是毫无防备的,而观摩者则处于类似法官那样的权力者的地位。只要这种权力关系不消弭,在校本研修中教师讨厌执教者的角色乃是理所当然的。而且,只要这种权力关系不消弭,在校本研修中教师之间的相互学习是不可能的。就这一点而言,以往的校本研修是根本错误的。

我所推进的构筑“同僚性”的校本研修的研讨原则如下:

第一,研讨的对象不是放在“应当如何教”的问题上,而是基于课堂的事实——“儿童学习的成功之处何在,失败之处何在”。

教学研讨的目的不是“教师露一手”,而在于“学习关系的创造”与“优质学习的实现”。研讨的中心不在于教材的解释与教师的技术,而是必须基于课堂中每一个儿童的学习的具体事实。正是这种省察的缜密性、准确性与丰富性,奠定了创造性教学的基础。

第二,在研讨中观摩者不是“对执教者建言”,而是阐述自己在观摩了这节课之后“学到了什么”。通过交流心得来相互学习。

一般而言,教师并不善于学习,特别是不愿向同僚学习。可以说,“文人相轻”是致命的弱点。在教师之间尚未构筑起彼此尊重各自的工作、彼此合作探讨的关系的职场里,“同僚性”是培育不了的,每一个教师也无法成长起来。在“校本研修”中观摩者所求的不是对执教者的“建言”,而是观摩者自身的“学习”交流。唯有实现了这种转型,校本研修才能成为每一个教师富于魅力的“合作学习”的场所,争先恐后地争当执教者的氛围才能形成。

第三,在研讨中,观摩者不应当缄默不语,应当实现不受高谈阔论者与评头品足者支配的民主型研讨。

在任何一所中小学的校本研修中,往往是以高谈阔论的教师和评头品足的教师为中心展开讨论的。然而,这些教师在实践上没有什么优势可言的,反而是在那些不张扬的教师中间拥有众多的教学能手。教师的工作从本质上说是一件朴实无华的工作。

为了激活校本研修就得实现不同教师的多元声音的交响。沉静的教师的坦率见解是无比珍贵的。应当设定一个人人必须发言的基准。特地来学校观摩，对执教者哪怕用一句话来陈述自己的感想，乃是起码的礼仪。然而，没有坚守这种起码的基准与礼仪的研讨会却是屡见不鲜的。主持者也有问题。主持者的作用在于，保障任何一个教师的发言，引出尽可能坦率的、有真知灼见的发言。一般而言，担任主持者的教师都存在过分干预的嫌疑。常常会发现主持者提炼话题、归纳意见的场面。其实，倒不如默默地倾听每一个人的发言更为重要。主持者倘若把精力专注于聚焦话题、归纳讨论，往往会使得研讨的内容流于僵化和浅薄。以“不凝练”、“不归纳”作为铁的原则来主持研讨会是最理想的。“畅所欲言”的研修会是可以结出累累硕果的。

第四，同上述事项同样重要，我想提一下精简学校的组织与运营的课题。倘若要在一所中小学里举办百次的课例研究，那么，现行的学校组织与运营就得精简。今日的教师被本职工作之外的杂务与会议纠缠不休。必须以儿童与教师的学习为中心，大胆地精简学校的组织与运营。这种改革也必须并行不悖地进行。

**译注**

① 这里的“反思”(reflection)或可译为“省思”、“省察”。“反思”有三个层次——技术理性、实践行动和批判性反思。“技术理性”回答“是什么”和“怎么样”的问题，根据既定要求采取常规行动；“实践行动”回答“为什么”的问题，选择和建立教学上的优先活动；“批判性反思”回答这样做是否正确的问题，根据伦理道德标准做出价值判断。范梅南(Van Manen)指出，作为旨在实现优质教学的“反思”分两种：一种是基于教师对自身体验的解释从而获得鲜活而深入洞察的“回顾性反思”(recollective reflection)；另一种是教师深入思考尔后教学实践的可能性的“前瞻性反思”(anticipatory reflection)。参见秋田喜代美、佐藤学《新时代的教职入门》，有斐阁 2006 年版，第 50—51 页。

# 35

# 作为学习专家的教师

## 基于"同僚性"的协作与成长

### 一、作为教师的学习

在校内构筑教师共同学习的"同僚性"(collegiality),对于教师的成长而言比什么都有效。让我介绍一个实例。

我合作的茅崎市滨之乡小学是推进"学习共同体"的示范学校,这是众所周知的。该校每年7月底的星期六都以课例研究为中心举办"湘南论坛",今年(2005年)也有全国各地的二百名左右的教师参与,以该校两名教师和特邀的两名教师的实践报告为中心展开了研修。今年,滨之乡小学作实践报告的是山崎悟史老师和川崎达雄老师。山崎老师是滨之乡小学创办之际作为新任教师赴任的,川崎老师则是从别校转入的。

滨之乡小学已创办八年了,期间造访该校的教师达二万数千人。该校为什么会吸引那么多的教师造访呢?滨之乡小学师生的最大特征就在于沉静。从一般教师的常识看来,该校的教学实践是极其谨慎朴素、返璞归真的实践。既没有特别的课程准备,也没有特别优秀的教师活跃其间。正如该校第一任校长大濑敏昭老师说的那样,"教学优劣参半"。教师们对于上课的"优劣"并不那么介意。现任校长说得好,"步履蹒跚的滨之乡",不过是永远回到教学的原点,重复着本真的改革步伐罢了。尽管如此,该校居然吸引了如此众多教师的关注,如今已有百所以上的中小学在推进"滨之乡模式"的学校改革,影响是巨大的。让我们从两位教师的实践报告中探寻一下它的秘密。

## 二、相互倾听、相互学习的关系

山崎老师的课堂以富于情趣的相互倾听、相互合作闻名。实际上，在滨之乡小学创办的第一年里，率先实现“相互倾听关系”的，是当时作为新任教师的他的课堂。这种特征今天依然存在。其秘密在哪里呢？

那天山崎老师提供的教学录像是2年级国语课，教材是他自选的意大利童话作家利奥·莱昂尼（Leo Lionni）的《亚历山大与弹簧鼠》（*Alexander and the Wind-Up Mouse*）。上课之前许多学生已跃跃欲试，各自在朗读着上节课学过的课文。教师一声“开始上课”，于是教学就开始了。本课时从朗读课文开始，在每一个儿童对课文有了充足的认识之后，山崎老师以常规的话语问道：“有什么问题吗？”——就这样转入了课文的讨论。儿童们接二连三地说，“在某某段落……”“听了某某同学的话，我想……”把自己的发现与感想同课文中的词语与同学的阅读联系起来。听了这些流畅的发言，觉得课堂里的阅读就像编织“织物”（texture）那样，借助合作而生成。借用另一个比喻来说，儿童们的讨论与发言在课堂里形成了“问题的意义空间”，就像在这个意义空间里填空那样，形成了连贯的发言。这种“合作学习”倘若没有虚心听取他人声音的“相互倾听”关系，是不可能形成的。

为什么在山崎老师的课堂里，能够形成襟怀坦荡地虚心听取他人声音的相互倾听关系呢？在教学录像中可以发现清楚地说明这个事实的场面。在这个课堂里，儿童们实际上是在细心地听取每一个好友的话语。最典型的表现是，山崎老师与儿童们对于启治和真弓的回应。启治和真弓几次举手发言，却欲言又止，忘了该说些什么。就在这长时间的沉默之中，无论是山崎老师还是全班同学，一直静静地等待着他们的发言。在漫长的沉默之后，启治（真弓）终于说了一声“忘了”。即便如此，他们两人依然几次举手发言，重复着同样的场面。所谓“沉默”，一般会认为是“意义充溢的沉默”，但这两人创造的“沉默”却是“无意义的沉默”。在课堂里这种“无意义的沉默”得以产生，我认为是重要的。[①]

在教学时间过半后，启治和真弓在沉默之后，不是“忘了”，而是三言两语谈出了自己的感想。听了这番发言，课堂里顿时议论起来。启治同学谈到了课文中的“紫色的石子”，真弓同学谈到了“蜥蜴”。就课文的故事而言，这些都是旁枝末节。寻求这个旁枝末节与课文解读的联系，引发了课堂里热烈的讨论。

细微地观察这些光景，我重新认识到山崎老师的课堂里相互倾听、相互学习关系得以出色地形成的秘密。这个秘密与其说是教学的方式与技术，不如说在于山崎老师的文学课教学的哲学，在于课堂里的儿童们分享了这种哲学。这种哲学可以简洁地用两个原理加以说明：其一，尊重每一个儿童个性化的学习与多元化的阅读。其二，重视课文的语句从而尊重学习的发展性。尊重每一个儿童的话语，尊重课文的语句。这么简单明了的原理，山崎老师娴熟地贯穿在他的教学之中了。

因此，山崎老师不像一般教师那样，把"好的发言"串联起来组织教学。对于川崎老师而言，任何一位儿童的发言都是"好的发言"、"精彩的发言"。这种态度是一以贯之的，所以，山崎班级的儿童们也同山崎老师一样，把每位同学的发言都当作"好的发言"、"精彩的发言"来听取。这就形成了这个课堂的相互倾听的关系，从而成为"合作学习"的基础。

滨之乡小学创办八年来，以如下三个必要条件作为根本原理，推进着课堂的创新与教师的研修：

——尊重每一个学生的学习即尊重儿童。

——尊重教材所隐含的内在学习发展性。

——尊重每一个教师自身所秉持的哲学。

要贯彻这三个原理中的任何一个或许很容易。实际上，许多教师根据三个原理之中的一个原理，实现了教学的创造。然而，同时贯穿这三个原理是困难重重的。三个条件在实践中往往是相互冲突、相互矛盾的。如何克服这种冲突与矛盾呢？滨之乡小学的教师们积累了每年百回以上的课例研究，一直在探讨着课例研究的策略。山崎老师的课堂里儿童们"相互倾听"、"合作学习"的事实清楚地说明了这一点。山崎老师的课堂教学通过贯穿三个条件，交流了每一个儿童个性化阅读的多样性，体悟到课文中语句的多义性，从而实现了语文教学的本质经验。这一点是十分重要的。

## 三、走向真正的学习

川崎老师的实践报告《圆，是什么？》(4 年级学生)是一个回顾滨之乡小学创办八年来艰苦奋斗的轨迹，是揭示教学创造之本质的感人至深的报告。川崎老师在八年前该校最初的教学研讨会上，为我们提供了《三角形的合同》的教学实践。那次教学由于川崎老师唱独角戏而露出了破绽。"为谁而教？"——以我的提问为起点，川崎老师开始了教学改革的恶战苦斗。川崎老师的障碍是他自己傲人的经历，那是作为“私塾的优等生”成长、作为“私塾的讲师”活跃、作为“私塾的教学能手”而夸耀的教育经历。这是他内心世界恶战苦斗的日日夜夜。这一天，川崎老师把八年来的原委娓娓道来，其谦逊而富于哲理的、坦诚的报告感人肺腑，那是以往的实践报告无可比拟的。这个报告揭示了基于教学创造的教师的成长道路，回味无穷。

川崎老师在教学实践《圆，是什么？》中劈头就问：“大家都知道圆吧。圆的半径有几条？”期待儿童对本单元的这个铺垫性问题作出反应。课堂里儿童们异口同声地回答说：“嗯，知道。半径就一条。”儿童们想到了教科书中的插图，作出了“半径只有一条”的回答。惊讶的川崎老师于是下定义说：“圆是离中心等距离的点的集合”，并且设计了概念理解的学习：“圆有两种，作为线的圆周与作为面的圆面。”川崎老师准备的是大量的牙签和烹调用的竹签。通过运用这些材料“制作圆”，旨在使得学生理解圆的概念与定义。

运用牙签和竹签制作圆是在小组里展开的。川崎老师设想的圆的制作分成若干组进行：一组是牙签的排列为中心，形成大小两个圆；另一组是用竹签作半径，用牙签作圆周来制作基于三角形集合的圆的近似形，并围绕如何才能使之近似于圆的问题展开了讨论。洋介同学一个人静静地坐在地板上，只见他用牙签作圆周，发现大量增加牙签的数量，就能形成同心圆的形状。于是他确认了外圈越大则越是接近于圆的事实。儿童们超越了川崎老师设定的教学内容的水准——“圆是离中心的等距离的点的集合”，表现了对圆的积分的认识，发展为对圆面积的求法与圆周率意义的探究活动。可以说，小组活动之后的讨论进入了佳境。

接下来的“球”的教学也同样精彩。川崎老师为使儿童理解球的性质与定义，在课堂里准备了粘土，要求“每组制作一个球”。然而，没有一个小组利用讲台上堆积的粘土。“想使用前面用过的牙签”——许多小组把牙签插在橡皮上，制作成球。一个小组说，“用尼龙绳来制作”，按照制作棒棒糖的窍门制成了球体。另一个小组说“给我一根竹签”，在厚纸上用圆规画出大小不等的同心圆，剪下一大堆来。再用一根竹签把这一大堆圆串起来，形成一个球体。在“圆”的教学中也出现了基于积分概念的球形制作。

川崎老师用粘土制作球体之后，切取四分之一，让儿童观察其断面，讲授球的性质与定义。基于儿童创意的预料之外的展开，同“圆”的教学一样，远远超出了川崎老师的设定，产生了高水准的丰富的学习。川崎老师报告说，像这种“圆”与“球”的精彩教学，在他的课堂里是家常便饭了。“向儿童学习，共同创造教学”——通过八年来在滨之乡小学的艰苦奋斗，形成了他的教学的基本哲学。在报告中，川崎老师幽默的话语也博得了观摩者的好评。

## 四、教师共同成长的学校

川崎老师教学中的儿童的学习，可以说是“数学的学习”。川崎老师不是在教授数学的知识与技能，而是通过促发与促进儿童的“数学活动”来实现“数学学习”的教学。在山崎老师的课堂里，通过与话语的相遇与对话而使得“文学的学习”作为“真正的学习”来实现；在川崎老师的课堂里，可以说是通过数学的活动而使得创造数学推理的沟通——“数学的学习”，作为“真正的学习”来实现。

听了山崎老师与川崎老师的报告，发觉他们业已形成了自己的教学风格——与投入学习的儿童共同追求“真正的学习”。这种教学风格不仅是他们两人的特色，也是滨之乡小学教师教学创造的共同财富。如今，我进一步认识了这个事实。看来，滨之乡小学的教学是质朴无华、“步履蹒跚”的。这是因为，像山崎老师与川崎老师的课堂那样，“真正的学习”的实现处于教学创造的核心地位。该校八年来课例研究的积累，使得我每次造访该校时都感动不已，而这次论坛也让我重新认识了这笔财富的厚重性。

这次论坛促使我体验到另一个珍贵的发现。正如上面已经指出的，在山崎老师的教学中儿童的学习是“体会文学的学习”；在川崎老师的教学中儿童的学习是“数学的学习”。这种学习的风格是在滨之乡小学的所有课堂共有的。我发现的是，这种学习风格的形成与校本研修中教师的态度之间的关联。教师共同拥有的“合作学习”的风格是同教师对于教与学的态度的风格分不开的，特别是同教师自身的实践反思的态度和向其他教师学习的态度分不开的。我想，支撑山崎老师与川崎老师的，是该校教师通过课例研究所构筑的教师们学习的风格及其态度。

滨之乡小学的课例研究不是纠缠于教师的上课的优劣与教法的是非，而是不断地细致探讨课堂中每一个儿童的学习事实(学习的成功之处和失败之处)。让造访该校的两万多名教师深受感动的是课堂中真诚地相互倾听的儿童的面貌。同样感人至深的是，在一节公开课花上两小时来共同探讨每一个儿童的学习事实的研究会中，教师的观察与省察的细致性，以及对每一个同僚的无微不至的关照。

在通常的学校校本研修中，话题的焦点是教材的处理和教师的教法。因此，“教材的教法”(how to teach math)构成了校本研修的主旋律。但是，在以儿童的学习为中心的教学中，“教材的学习的教法”(how to teach children to learn math)必须成为校本研修的主旋律。进而，要在课堂里实现“真正的学习”，实现“数学（文学、科学）学习的教法”就必须成为校本研修的主旋律。像滨之乡小学那样，要共同推进在课堂里实现“真正的学习”的教师的学习，实现“数学（文学、科学）学习”的教法的学习，就得成为校本研修的主旋律。就这样，教师的学习是通过课堂里实现以学习为中心的复杂因子结构的学习而形成的。滨之乡小学的教师凭借这种同僚性，实现了复杂的教师的学习。

**译注**

① 佐藤学教授说：“追求‘上好课’的教师总想联系儿童的‘好的回答’来组织教学，着力区分儿童思考的‘好的部分’和‘不好的部分’。然而，教师的责任并不在于‘上好课’，而在于实现每一个儿童的学习权，最大限度地提升每一个儿童的学习。”“任何一个儿童的思考与挫折都应当视为精彩的表现来加以接纳。倾听每一个儿童的困惑与沉默，正是课堂教学的立足点。所以，富于创意的教师总是全身心地直面儿童的多样性与教材的发展性的。”参见佐藤学《教师的挑战》，小学馆 2003 年版，第 140 页。

附录

# 学校改革实践中若干基本概念的辨析

# 36

## “学力神话”的破灭

叩问“学力”(之一)

### 一、社会秉持的“学力”尺度

学力危机为什么会发生？儿童为什么如此强烈地“厌学”？为了理解这个问题，就得认识现代社会的急剧变化与学力的关系。

在这里，需要再界定一下“学力”。我曾经指出，“学力”概念之所以如此混乱不堪，是由于并没有把“学力”(achievement)视为一种“基于学习的成就”的实体，而是视为“力”的功能。进而又把“力”(能力、权力)的功能视为学力的实体，从而助长了“学力”概念的混乱。根据“学力”的英文“achievement”可知，“学力”是“学校教授内容”的“学习成就”。这个定义是表达学力的“实体”的。但是，为了理解社会与学力的关系，在这里有必要界定“学力”的“功能”。

之所以把学力归结为“力”(power：能力，权力)的表征，是因为它可以充分地表达学力的社会功能。因为，拥有“学力”就是拥有某种“能力”，拥有某种“权力”。我把这种“学力”理解为具备“货币”一样的功能。或许会令人惊异，学力是一种拥有如下三种性质的货币。

第一，学力同货币一样，具有评价的功能。正如货币是从数量上去比较多样而异质的物品、做出估价那样，学力也是按照一定的均质的尺度去衡量多样而异质的经验而发挥作用的。用相同的分数来表征音乐的学习经验、英语的学习经验与理科的学习经验，原本是滑稽可笑的。然而，学力却是具有这样一种功能性的意味：用同一尺度来评估多样而异质的经验的评价标准。

第二，学力同货币一样，具有交换的功能。货币是谁都想拥有的不会拒绝的唯一的商品，即便在需求关系之中不能得到相等的物品也具有间接地实现物物的交换关系的功能。货币使得在物物的交换中只能偶然地实现的交换关系，一举扩大并合理化了。同样，由于学力是谁都想拥有的不会拒绝的唯一的商品，具有在应试市场与劳动力市场中作为交换手段的功能。学力在应试与招聘的场合，可以作为间接交换的手段，把未必一致的招聘者需求与志愿者能力的关系加以合理化。

第三，学力同货币一样，具有储蓄的功能。由于货币是期望储蓄的唯一的商品，带来了经济活动的计划性与持续性，进而储蓄的欲望又促进了投资这一经济活动。同样，由于学力也是期望储蓄的唯一的教育概念，学习活动被赋予了计划性与持续性，而储蓄的欲望又进一步促进了作为投资的教育活动的基础。这样，学力从功能侧面来看，体现了货币与实物的双重特征。

学力的"货币"界定终究是抽象思维的想象的产物。跟通货膨胀、货币贬值一样，学力也有贬值的危险。就像货币的价值在通货市场的行情上不断变动那样，学力的价值也会在社会经济的状况中不断变动。

我的假设是，今日日本的学力危机可以理解为：作为通货危机的学力危机，亦即"学力神话"的破灭，引发了犹如通货暴跌般的学力暴跌。倘若我的这种假设成立，那么，如今讨论的"学力低下"不过是预示着更大危机的来袭而已。

## 二、所谓"学力神话"有效的社会

在学力的功能界定为"货币"的基础上，我们先来考察一下"厌学"的背景。

"国际教育评价协会"(IEA)1999 年的调查显示了中小学生校外学习时间与学习的学生的比例。正如日本(1.2 小时)、韩国(1.6 小时)那样，东亚国家与地区中小学生的校外学习时间是世界上最低的。从校外学习的学生的比例来看，日本(59%)、中国台湾(55%)、韩国(50%)远低于世界平均(80%)，处于最低的水准。在作为调查对象国的东亚国家和地区之中还有一个是新加坡(3.5 小时)，处于高位。但重要的是，在 1995 年的同样项目的调查中新加坡是 4.6 小时，四年间就减少了 1 小时。同 1995 年相比，由于中国台湾没有调查不能比较，但日本减少 0.7 小时、韩国减少 0.9 小时、中国香港减少0.9小时，均显示出除伊朗和希腊之外少见的急剧减少的倾向。

就是说，“厌学”是东亚国家和地区的特征性现象。而且值得注意的是，新加坡、韩国、中国香港、中国台湾、日本等都是学力成就垄断了第一位至第五位的国家或地区。究竟为什么东亚国家和地区的学力成绩在世界独占鳌头，却刺激了“厌学”的产生呢?

我把鲜明地呈现“厌学”的东亚国家与地区的教育危机称为“东亚型教育危机”。这里所谓的“东亚国家与地区”是指中国大陆、朝鲜、韩国、日本、中国台湾、中国香港、新加坡等七个国家和地区。通常所说的“东亚”还包括马来西亚在内，但考虑到宗教和历史背景，这里不把马来西亚纳入讨论范围。

包括日本在内的东亚国家和地区以特有的方式，谋求基于学力竞争的社会移动(阶级与阶层的阶梯上升)的活跃化，从而达成了教育与产业的“压缩式现代化”。1980年日本的高中升学率是94%、大学、专科的升学率达37%。当时欧洲各国的全日制后期中等教育的普及率是70%左右、高等教育的升学率是10%左右，高于日本教育水准的国家只有美国。欧美各国花了几个世纪达成的教育与产业的现代化，日本仅用一个世纪就超越了。

“压缩式现代化”在韩国和中国台湾更加甚嚣尘上。它们仅用了半个世纪，就达成了日本花了一个世纪才实现的教育与产业的现代化。韩国大学的升学率超过了日本(50%)达到60%。实现这种“压缩式现代化”的秘密就在于基于学力竞争的社会移动的活跃化。东亚国家和地区通过实现基于学力竞争与应试竞争的高效的教育，从而实现了教育与产业的“压缩式现代化”。世界独占鳌头的学力就是其产物。

不应当忽略的一点是，东亚型教育与产业的“压缩式现代化”是在第二次世界大战后世界格局的特殊条件下的产物。

冷战格局的世界体系，从经济发展这一点来看是“平等”的体系。无论是资本主义国家还是社会主义国家，发达国家还是发展中国家，在冷战格局下国民生产总值(GNP)以4%的年增长率发展经济。不过，应当注意的是，东亚国家和地区接受朝鲜战争与越南战争的特需，而且在美国军事战略的庇护之下得以维持保护贸易，使得GNP以10%的年增长率实现了经济的飞跃发展。日本由于安保条约，战前占国家预算三成以上的军费缩小到5%～6%，能够以庞大的国家预算投入到经济发展中。

从1970年到1985年日本的GNP比率实现了四倍以上的攀升。韩国也是如此，每一个国民的人均GDP在1970年只有数百美元，但到了2000年已接近一万美元，获得了飞跃的发展。然而，令人啼笑皆非的是，东亚国家和地区正当教育与经济处于“压缩式现代化"的巅峰时刻,冷战格局崩溃,政治、文化与经济的全球化在一举扩大的状况下,爆发了被称为"亚洲危机"的史无前例的经济危机。韩国在大学升学率达60%、人均GDP接近一万美元的关头,国内经济崩溃而进入危机管理的体制,就是一个象征性的事件。曾经获得了飞跃性成功的"东亚型教育与经济",如今正在成为破绽与危机的象征。

只要"压缩式现代化"在进行之中,基于学力竞争的社会移动的活跃化就可以顺利地发挥其功能,从而带来"学力"这一"通货"的超常的价值。数十年前的日本,无论是儿童的学习积极性还是对学校的信赖,对教师的信赖与尊敬,在世界上都是名列前茅的,发挥着"学力神话"的效力。"学力神话"在韩国与中国台湾也发挥了超越日本的效力,近年来在中国大陆也在发挥着奇效。例如,韩国普通高中生从早上7时至晚上10时在校学习。正规课业尽管在下午3时就结束了,但学校成了私塾的替身,仍然组织应试学习直至晚上10时。中国城市里的高中生更为惨烈,每天的学习从早上6时至晚上11时。

但是,"东亚型教育"达到教育现代化的巅峰之际,随着经济转入低成长时期,"学力神话"一旦破灭立刻就显示出破绽了。从以往"国际教育评价协会"(IEA)的调查结果来看,作为校外学习时间所表现出来的学习动机,显示出同该国GDP的增长率有高度的相关性。日本的儿童在经济高速增长期曾经有世界第一的学习动机,如今,其学习积极性却跌入了最低谷。这也是同GDP的增长率相关的现象,这是可以理解的。

在"压缩式现代化"的过程中,大多数儿童掌握学力、升入高一级学校,获得了高于家长的教育水准和社会地位。但是,"压缩式现代化"一旦终结,事态即逆转直下,通过学校教育已经不可能获得高于家长的高学历与社会地位了。"学力神话"的破灭,亦即"学力"这一"通货"的暴跌。

## 三、"学力"与社会之间的落差

"学力"这一"通货"的暴跌,并不仅仅发生在学校与家庭(儿童与双亲)之间,也发生在企业与学校、国家与学校之间。"东亚型教育"是适应产业社会的教育,产业社会形成金字塔形的劳动市场。这种劳动市场、金字塔型的学历社会与学校体制,作为"压缩式现代化"的推进力,发生着交互作用。

但是,基于冷战格局的经济全球化,使得包括日本在内的发达国家急剧地从产业主义社会转型为后产业主义社会。企业超越了国家的疆域转型为跨国企业，为了寻求廉价劳动力而转向海外。由于这种全球化，金字塔型劳动市场的底部瓦解了。

而且，在产业主义社会里是以商品的生产与消费占据经济活动中心的，在后产业主义社会里，信息与知识的交换以及人际服务成为经济活动的中心。后产业主义社会也称为"智能社会"。在智能社会里，"知识的创造与交流" 替代了"商品的生产与消费"，成为经济的中心。产业主义社会里发挥了卓越的效力的"东亚型教育"在向后产业主义社会的过渡中发生了极大的龃龉。这样，即便在企业与学校之间，"学力神话"也破灭了。在"东亚型教育"中形成的学力这一"通货"迎来了暴跌的危机。

在国家与学校之间的关系中也是如此。基于"东亚型教育"的学力发生了更加复杂而深刻的龃龉。自20世纪80年代中叶中曾根首相执政以来，日本的国家政策是以新保守主义与新自由主义政策为基调的。新保守主义对抗全球化，转向国家意识与家长制意识的固守；新自由主义则迎合全球化，进行面向国家责任极小化、个人责任最大化的"结构改革"。

在同学力的关系上存在着日本特有的复杂问题。欧美国家的新保守主义正在复兴西欧中心主义意识，而推进复活古希腊以来"博雅教育"传统的改革。但是，日本的新保守主义却是通过抵制西方科学、教养与民主主义精神，而推进扎根日本传统文化的民族主义的复兴。"心的教育"、"生存能力"或是"宽松教育"这些难以翻译的术语发挥着教育改革的标语、口号的作用，就是基于这种新保守主义的民族主义的结果。可以说，"人格重于学力"、"态度重于知识"这种教育评价的转型也是新保守主义意识形态的产物。

就是说，受到"学力低下"论攻击的文部科学省的"宽松教育"的教育政策是新保守主义意识形态所推进的政策。如此错综复杂的发展使得"东亚型教育"的学力在国家与学校之间也发生了深刻的龃龉。

因此，学力问题的核心在于，如何从"东亚型教育"的藩篱中解脱出来，重新界定适应新型社会的学力，恢复"学力"的实质性价值：从"勉强"走向"学习"。[①]

不过，东亚国家和地区的教育面临着复杂的困境。这个地区的教育原本是受战前日本的殖民地化政策的影响，以日本的教育模式发展起来的。中国大陆显示出GDP年增率达9%的发展势头，正处于"压缩式现代化"的途中。但是，正如中国大陆、韩国、中国台湾在演绎日本教育改革的事态所表明的，无论哪一个国家或地区都找不到有效的出路。在这里，我想指出的是，作为东亚学力危机复杂化的一个要因，是新殖民主义意识形态所特有的二元对立的概念构图。

东亚国家和地区围绕"新学力观"的讨论如实地表明，新殖民主义的意识形态是基于科学与生活、科学与道德、科学与艺术、知识与经验、知识与思维、知性与情感、理性与感性、国家与个人、男性与女性、教师与学生、成人与儿童等一连串二元对立的概念构图所形成的。可以说，把"知识与技能"的教育与"兴趣、动机、态度"的教育对立起来的"学力观"就是一个典型。"教"与"学"对立的教学观、"指导"与"援助"对立的教学观、"教师中心"与"儿童中心"对立的教学观，统统都是受二元对立的概念构图所束缚的思维方式的典型。甚至可以说，"学科系统"与"生活综合"二元对立的思维方式也是新殖民主义意识形态的特征。正如综观欧美的教育改革与教育言说所表明的，我们必须认识到：以这些二元对立的概念构图来探讨教育改革的舆论本身，就是东亚教育根深蒂固的殖民地主义体制的反映。克服二元对立概念构图的新型学力观的创造，正是我们所祈求的。

**译注**

① 同样是"勉强"两个字，在汉语中系"无理强制"之意，但在日语中却是"读书"、"用功"、"学习"的含义。佐藤学基于两者不同的文化内涵，把"勉强"的学习界定为应试教育支配下，高效率地灌输现成教科书知识点的内容，旨在应付升学考试的学习。但这不是真正的学习。真正的学习是一种对话与修炼的过程。他说："学习，可以比喻为从既知世界到未知世界之旅。在这个旅途中，我们同新的世界相遇，同新的他人相遇，同新的自我相遇；在这个旅途中，我们同新的世界对话，同新的他人对话，同新的自我对话。因此，学习的实践是对话的实践。"课程改革的中心课题是，实现从"勉强"到"学习"的转换。即从应试教育的"勉强"的学习走向"活动式、合作式、反思式"的学习。参见佐藤学《学习的快乐——走向对话》钟启泉译，教育科学出版社，2004 年版，"中译本序"。

# 37

## 如何克服“基础学力”的复古主义

叩问“学力”(之二)

### 一、“基础学力”指的是什么?

无论是主张“学力低下”论的人还是回应“学力低下”的文部科学省,都把教育改革的核心课题聚焦在“读、写、算”的“基础学力”这一点上,显示出不可思议的一致性。众多的教师和教育学者围绕“学力低下”的议论之所以显示出冷淡的反应,是同这个问题相关的。

担忧“学力低下”的见解总是由保守势力作为抵制教育的革新实践的言论提出来。日本在战后对新教育的“基础学力低下”的评判是如此,英国在上世纪 70 年代末以撒切尔为中心的保守势力也提出“基础学力低下”论,借以攻击劳动党推行的儿童中心教育。美国也是同样。保守势力发起了一场“回归基础”(back to basics)的运动,旨在抵制 20 世纪 80 年代初的开放学校与多元文化教育。学力论争中隐含着保守势力不断发难的性格。

然而,“读、写、算”就是“基础学力”吗?确实,在学校里学习的知识和参与社会所必须的知识,是借助语言与符号操作来建构的。从这个意义上说,“读、写、算”可以说是“基础学力”。不获得语言与符号的操作能力,任何学习都是不可能发展起来的。不过,倘若把“读、写、算”视为单纯地掌握读、写汉字的能力与计算能力,那就不能称之为“基础学力”。这是因为,“读写能力”原本就是不限于识字而言的。

例如，“会写信”不仅仅“会写字”而已，而是意味着能够运用“信函”这一种样式的文体与表达。信函一般是从时令的问候开始的。据说在日本近三十种的汉文教科书中涉猎了究竟该用哪些问候的措词。不仅是问候语，近三十种的汉文教科书几乎囊括了信函用的所有用词。所谓“文如其人”，之所以“读信如读心”，就是因为读了信，可以看透写信人的教养。我的祖母是明治初年师范学校毕业的教师，年幼时代就有了熟读四书五经的教养。90多岁的时候，还在埋怨“近来的人连封信也写不好”。据说森鸥外[①]在6岁时就饱读四书五经了。无论是鸥外抑或夏目漱石[②]，明治时代的文人和教师都拥有汉文典籍的教养。可以说，所谓“会写信”就是以这种教养为基础的。不管怎样，“会写信”的本来意义和以“读、写、算”为教育中心的本来意义有着天壤之别，这一点是必须认识到的。

“会写信”的本来意义的“读、写、算”，是指英语的“literacy”，被译为“识字能力”。“illiteracy”被译为“非识字”或“文盲”，这种译语造成了误解。一般认为，“literacy”最初的用法是在17世纪的英国，当时“literacy”的含义是指能够阅读莎士比亚的戏剧。在今日美国，通常“literacy”指的是“功能性识字”。它有别于“识字”，意味着作为社会人生活所必须的最低限度的共同教养。具体地说，是指具有读懂报纸的能力。因此，“literacy”的译语视为“教养”是适当的。[③]

“教养”(literacy)这个词语可以在“基础学力”的意义上使用。美国联邦政府的“教养”(literacy)基准，在19世纪中叶规定为小学毕业程度的教养；在20世纪30年代规定为初中毕业程度的教养；在20世纪50年代规定为高中毕业程度的教养，直至今日。就是说，适应大众教育的普及而规定了必要的最低限度的“教养”(literacy)基准。

倘若要界定“基础学力”，我以为采用“教养”(literacy)的概念来定义是贴切的。在今日的日本，几乎人人是高中毕业生，所以，应当设定高中毕业程度的教养是“基础学力”。倘若考虑到终身学习时代，把高中毕业程度的教养作为“基础学力”来设定应当是适当的判断。

## 二、累积式学力观的谬误

不过，当今日本主张的，不是作为“教养(literacy)的“基础学力”，而是限定于“读、写、算”的“基础学力”(basic skills)。这种“纯基础学力”果真能够提高教育的效果吗？在这个问题上，不妨回顾一下20世纪80年代初美国的“回归基础”(back to basics)运动，我们从中可以获得珍贵的教训。

就结论而言，“回归基础”运动让复古主义的意识形态渗透于学校教育之中。从这一意义上说，这个运动获得了政治上的成功。但从不能解决低学力问题、且造成了青年失业者的扩大等方面来看，这个运动是以教育的失败而告终的。失败的原因大体有两个。

其一，没有认识到基础知识与基本技能并不是通过反复练习来习得的，而是通过经验，功能性地加以习得的。

其二，更根本的问题在于，在“回归基础”运动展开的上世纪 80 年代前半叶的美国，正处于从产业主义社会（工业社会）走向后产业主义社会（后工业社会）的转型期。在 20 世纪 60 年代末，蓝领工人占据了整个劳动力的 70%，到了 90 年代急剧下降到 10%以下。由于这种转型，靠“基础学力”就业的简单劳动力市场处于崩溃状态，迎来了失业者充斥社会的困境。重视“基础学力”的教育虽然满足了保守层的政治意识，却是一种同综合化的、由高深知识组织起来的社会变革背道而驰的改革。

因此，20 世纪 80 年代中叶以来，美国的教育改革不是以“纯基础学力”为中心，而是以“提升教育内容的水准”为中心课题展开的。在《国家处于危机之中》（1983 年）的报告以后的美国，竭尽全力推进提升教育内容水准的教育改革。到了 90 年代，美国基于信息革命的信息产业带来了经济的转型，在这种转型过程之中，美国采取了支持新兴知识领域的企业、促进教育发展，借以解决失业问题的策略，是众所周知的。

美国“回归基础”失败的教训，给了我们多方面的启示。第一个教训就是，基础知识与基本技能与其说是通过反复练习，不如说是凭借经验，功能性地加以习得的。,

比如说，有一个小学 5 年级学生只有 3 年级学生的汉字读写水平。为了提高这个孩子的汉字水平，采用反复地在练习本上抄写小学 3 年级的新汉字的办法，并不是徒劳的。但是，倘若这个孩子喜欢钓鱼，不如让他多读钓鱼的书籍，并让他在伙伴中表现，增加亲近汉字、使用汉字的机会，将会更加有效。确实，即便记住了小学 3 年级、4 年级、5 年级的汉字，倘若缺乏接触、使用的机会，也会忘得一干二净。哪怕是错读或是错写了汉字，只要增加了接触汉字、使用汉字的机会，效果也会好得多。

作为反复练习的机械训练之所以受到重视，是迷信只要反复练习就可以得到“巩固”的神话。确实，有的技能经过反复练习就能无意识地巩固下来。例如，骑自行车就是一个典型例子。倘若年幼时代骑过，哪怕多年不骑了，仍然容易掌握。

然而，在学校里学习的知识，大半并非如此。九九口诀通过反复练习看来是巩固了，不过，倘若没有使用的机会，会很快忘却。儿时有去海外生活的经验的人，过了数年之后，外国的语言也会忘却。但是，外国语的发音与声调会作为身体的记忆巩固下来。知识与技能借助反复练习，有的可以得到巩固，有的不可能得到巩固。在学校里学习的运算方法、汉字与英语的单词等，持续不断地得到活用的经验是重要的。汉字和运算在开始习得之际，反复练习是有效的。但是必须认识到，通过反复练习习得的知识、技能未必是巩固的。再强调一遍，基础知识与基本技能是通过经验才得以功能性地习得的。

这样说来，并不是说识记与背诵毫无意义。恰恰相反，所谓"读书百遍，其义自见"，识记与背诵对于学习而言是极其重要的，这是因为，我们可以借助肢体动作强化的方法来学习。艺术的技艺、学习的技法、运动的技能等文化型的模仿是学习的中心，没有识记与背诵就不能学习。不过，同时必须认识到，只要不是教本、字帖等需要模仿的东西，识记与背诵是有百害而无一利的。

关于"基础学力"的另一个错误的教学观念认为，学力的形成是循序渐进地累积的结果。几乎所有的教师和成人都被这种谬误所束缚。文部科学省也出于这种谬误将教育内容削减了30%。"儿童的学习一旦困难就回归基础"是学习的铁则。然而这里所谓的"基础"是"基本"(fundamental)的含义，并不是扎根于"基础"(base)的意味。然而，多半的教师一旦碰到儿童学习困难，便降低教育内容的水准。可以说，这是教育上的极大谬误。

"学力"并不是靠单纯的累积形成的，而是借助高端引领才得以形成的。学过教育心理学的人只要想想维果茨基(Л. С. Выготский)的"最近发展区"与"内化"的理论就可以明白，"学力"的形成并不是基于自己理解的水准，而是通过同教师与同学的沟通，认识自己当下的理解水准下并不理解的事物，并把它加以"内化"的结果。

在学习中需要的，并不是在儿童不理解的时候，先降低程度再自下而上地提升，而是通过伙伴与教师的帮助，模仿理解事物的方法并加以"内化"。学习是需要"冲刺"与"挑战"的。

诸多事例可以说明这个问题。例如，小学生在算术课中最难的是分数的运算。在学习的时候，许多儿童理解不了分数的意义和运算方法的意义。分数意义的掌握和运算意义的理解通常是从习得比例开始的。这次《学习指导要领》的修订中被削减的内容有梯形与多角形的面积。实际上，梯形面积的教材是可以通过多样方法的交流，把课上得有声有色的。况且，重要的是，许多儿童学了梯形面积之后，才理解了三角形面积的求法的。这说明,学力不是靠低水平反复来累积的,而是靠高端引领才得以形成的。

自下而上地累积学力的教育观念,在“垫底校”的高中教师中是根深蒂固的。在城市的“垫底校”高中就学的学生,几乎都是小学、初中阶段学习成绩差的学生。因此,几乎所有教师都断定他们的学力程度相当于小学3年级的水准。然而,通过这些“垫底校”高中学生的意识调查发现,他们对学校的最大不满是“教学内容过分浅显”。他们迫切期望“高难度教学”。教师在拼命地追求“懂的教学”,学生却期待“不懂的教学”。

由于存在这种鸿沟,在城市的“垫底校”高中就学的学生中有将近一半是中途辍学者。为了填平这种鸿沟,我要求协议合作的“垫底校”高中调查一下学生入学时的数学水准。结果发现,同教师的预想相反,几乎所有的学生都达到了小学六年级的水准。不过,正答率呈减少趋势:达初一水准的有半数,达初二水准的有三分之一,达初三水准的有五分之一。这个结果可以作为学力需要高端引领的一种旁证。在这些学生上学的高中倘若能够实施同通常高中一样的数学教学,数学成绩本身或许仍然会停留于“差等”水准,但毕业时学力有可能得到一定程度的修复,达到初三的水准。“高难度教学”——许多学生的这种殷切期待是一种合理的要求。再强调一遍,学习是需要“冲刺”与“挑战”的。

美国“回归基础”改革的失败启示我们的第二个教训是,在后产业主义的“知识社会”里难以凭借“基础学力”就业的现实,在现代日本更加深重。综观上世纪90年代以来发达国家的教育改革就可以了解,追求“纯基础学力”的文部科学省的教育改革是何等的时代错误。

随着全球化的进展,“东亚型教育”奏效的产业主义社会业已终结,其典型的现象是金字塔型劳动市场的解体;是单纯劳动市场的崩溃带来的青年劳动市场的崩溃。

如今,中国工厂的工人工资只有日本的四十分之一。伴随全球化的进展,日本国内的劳动市场的底部受到外国市场的侵袭乃是理所当然的。伴随而来的,是青年劳动市场受到的最深重打击。据厚生劳动省的调查,1992年的高中毕业生需求人数是一百六十四万人,1998年锐减为三十七万人,2001年再锐减为十五万人。在不足十年的期间里,青年劳动者市场的90%被消灭了。

生存于后产业主义社会(智能社会)的儿童所必须的教育不是“纯基础学力”的教育,而是能够应对知识的高度化与复杂化的、实现优质学习的教育。

倘若仍然执迷于文部科学省的“纯基础学力”,就会像上世纪80年代中叶的美国那样，尽管高知识水准的人才需求扩大了，但由于难以雇用“纯基础学力”水准的人才，只能招致大量的青年加入失业大军的弃民化的结局。

无论哪一个时代，儿童与青年对时代的变化总是最敏感的。在儿童与青年之中蔓延的“厌学”现象是由于在这个巨大的社会变化之中看不到未来的希望所致。

**译注**

① 森鸥外（1862—1922），日本明治时代小说家、翻译家、军医。从事西欧文学的译介与评论，被誉为明治文坛的“巨匠”。著有小说《舞姬》、《青年》、《雁》、《阿部一族》等。

② 夏目漱石（1867—1916），日本明治时代著名的英文学者、小说家。1905 年发表《吾辈是猫》，接着出版《伦敦塔》，奠定了他在日本文坛的地位。著有《虞美人草》、《草枕》、《三四郎》、《从今往后》、《门》、《道草》、《明暗》等诸多作品问世。

③ OECD 的“阅读素养”（reading literacy）的界定是：“个体理解、运用及省思书面文本，以达成个人目标、发展个人知识和潜能，有效参与社会的能力。”因此，PISA2006 的“阅读素养架构和评价设计”不同于一般成就测验强调学科知识的认知能力。PISA 试题强调问题解决能力、跨学科知识的综合，突出高层次思考，着重阅读理解并寻找有用的解题线索，重视表达和沟通的能力及与生活情境结合。试题采取题组形式，每个题组涵盖“情境”、“文本”和“历程”三个维度特征。“情境”意指文本建构的情境脉络和使用目的，包括个人用途为主的小说、书信、传记和散文；公共用途的官方文件或声明；职业用途的手册或报告；教育用途的教科书和学习手册四类型。“文本”意指文本材料的范围，包含连续文本和非连续文本。连续文本通常是由文字句子组织成段落，包括叙事文、说明文、记述文、论述文、操作指南或忠告、文件或记录及超文本，约占三分之二，其中以说明文为大宗；非连续文本主要指透过图表和图形、表格、图解、表单、地图、电话和广告及凭证等方式引发读者的反应。为了能模拟真实的阅读情境，PISA 从五个历程测量阅读者是否对文本有全盘的理解，包括“撷取信息”、“形成广泛的理解”、“发展解释”、“省思和评价文本内容”、“省思和评价文本形式”。参见台湾课程与教学学会《基本能力评量之各国经验比较》，2010 年 1 月版（《课程与教学季刊》第 13 卷第 1 期），第 23—26 页。

# 38

# “分层教学”落后于时代

“分层教学”批判(之一)

## 一、PISA 冲击

有一个重新审视“分层教学”有效性的饶有趣味的调查结果，这就是 2000 年“国际合作与发展组织”(OECD)在加盟的二十八个国家与非加盟的四个国家(地区)以 15 岁的学生为对象进行的“国际学生评估项目”(PISA, Programme for International Student Assessment)的测试结果。作为国际学力比较测验的“国际教育评价协会”(IEA)的调查很有名。PISA 测试在目的与性质上完全不同于 IEA 的调查。IEA 调查是以调查对象国的教育内容的共同部分编制试题，借以评估学生的习得状况的，而 PISA 测试则是设定 21 世纪所需要的“阅读素养”、“数学素养”、“科学素养”，调查各国学生的学力是否达到了适应 21 世纪社会的水准。

OECD 预测，在现今儿童成为成人之际的 2020 年，三十个加盟国的制造业总产量将增加一倍，制造业工人数的比例高的国家将增加 10%，少的国家则会增加 2%。

包括日本在内的加盟 OECD 的发达国家，随着全球化的进展，正在从产品的生产与消费作为经济中心的社会(产业主义社会)急速地过渡到以信息与知识及服务业为经济中心的社会(后产业主义社会)。正如后产业主义社会被称为“智能社会”那样，这是一种知识高度化、复杂化、流动化的社会。PISA 测试就是基于后产业主义社会所需要的三个领域的学力——“阅读素养”、“数学素养”、“科学素养”，来调查各国 15 岁儿童的水准，为教育决策提供基础资料的评估项目。

第一次 PISA 测试以“阅读素养”为中心，在 2000 年实施。其名次如下：第一位芬兰(546 分)、第二位加拿大(534 分)、第三位新西兰(529 分)、第四位澳大利亚(528 分)、第五位爱尔兰(527 分)、第六位韩国(525 分)、第七位英国(523)分、第八位日本(522 分)。以芬兰为首的上位国家不仅高水准的学生多，而且学力落差的幅度小。这是它们的特征。

这个结果震惊了世界。令人惊异的有两点。其一，芬兰学生的学力拔得头筹，居世界之冠。其二，以往被视为高学力的瑞士(第十七位)和德国(第二十一位)只获得平均分以下的凄惨成绩。这种冲击称为“PISA 冲击”[①]。

## 二、“分流教育”的失败

我以为，PISA 测试的结果意味着“分流教育”(视学生的能力与出路区分不同的学程而实施的教育)的失败。测试结果表明，从第一位到第八位的国家都是废除了 15 岁之前实施“分流教育”的国家，或者正在推进“废除分流教育”的国家。另一方面，实施三轨制的德国、瑞士、奥地利等国都仅仅获得了中位或下位的成绩。

在受到 PISA 冲击最烈的德国就是实施三轨制的国家。根据小学 4 年级的成绩，分别进入准备升大学的文法中学、实施技术教育的实科中学、接纳学力低下学生的“基干中学”。从 10 岁的小小年纪的成绩就得决定未来的命运，这是一种相当粗暴的教育制度，然而，过去所有欧洲国家都同德国一样采取了三轨制的欧洲型学校教育制度。

从 20 世纪 60 年代至 70 年代，欧洲各国展开了废除三轨制、实施综合制高中的综合改革运动。英国和芬兰等北欧国家废除了三轨制，转型为综合制高中。不过，德国与法国的综合制化受到保守政治的阻抗，只实现了一部分。在德国大约有 10%的中等学校从三轨制过渡到综合高中，在这种综合高中内部仍然实施“分流教育”。

在德国受到 PISA 冲击最烈的，不仅是低学力学生充斥的基干学校的学力低迷，而且实施精英教育的文法中学学生的成绩，也低于未实施精英教育的芬兰和加拿大的上层学生。这个事实表明，不仅德国教育的国家威信崩溃了，而且精英教育也未必奏效。可以说，PISA 测试让世界认识了“分流教育”的失败。

## 三、优质与平等

如果说，德国的失败意味着“分化教育”的败北，那么，芬兰的成功就是教育平等的胜利。芬兰的教育工作者和OECD的分析家说道：“PISA测试的结果证实了‘优质’(quality)与‘平等’(equality)是可以兼得的。”确实，芬兰是世界上贫富差距最小的国家，在欧洲各国中也是最尊重“平等”的国家。而且，在20世纪70年代以后，也是中等教育的综合化与废除“分流教育”最积极的一个国家。

芬兰教育的令人震惊的成功是20世纪90年代一连串教育改革的成果。芬兰由于苏联与东欧的瓦解而受到深重的创伤，1994年失业率接近20%。当时竞选出来的30岁血气方刚的阿贝总统为了渡过经济危机，断然实施了扩大教育“投资”、提升教育“质量”的改革：教育部的国家预算（承担公共教育费的三分之二）保持不变，大幅度地缓解国家教育委员会对教育内容与教师教育的控制，放权给地方行政和基层学校，扩大教师的自由与提高教师的创造性。与此同时，推进教师素质与专业水准的提高。教师教育从大学本科提升到研究生阶段，志愿从事教师职业的大学本科生只有十分之一能够升入研究生院，成为正式的教师。

芬兰的经验告诉我们，“优质”与“平等”的追求并不矛盾。在以往的教育改革中往往把“优质”与“平等”对立起来。过去的常识是：倘若追求了作为教育的“质”的“卓越性”(excellence)，“平等”就会遭到破坏；反之，倘若追求了“平等”，“优质”就会遭到破坏。然而，芬兰的案例表明，“优质”的追求与“平等”的追求并不矛盾，倒是可以说，应当并行不悖地同时追求“优质”与“平等”。

## 四、21世纪的学习

执着于分流教育、追求精英教育的国家为什么会招致学力的低下呢？反之，同时追求“优质”与“平等”的国家为什么会实现学力的提升呢？我以为其背景在于，从产业主义社会向后产业主义社会转型所带来的理想学力的变化。

20世纪初发展起来的产业主义社会，构筑了大量的简单劳动者与一部分知识精英构成的金字塔型的劳动市场，以及适应这种人才需求的金字塔型教育制度。与此相应的学校课程也如同大工厂的流水作业那样，靠单向地递升的计划来组织。从“生产目标”的术语衍生出“教育目标”的术语，仿效生产过程效率化的追求，而追求教育过程的效率化，开发旨在“品质管理”(quality control)的“学力测验”。这种产业主义模式的课程从20世纪初问世后普及于世界。

如今，迅猛进展之中的向后产业主义社会的转型冲破了金字塔型劳动市场与教育结构。据OECD推测，2020年日本制造业的劳动者比率为2%左右，其征兆是出现了青年劳动市场的崩溃。高中毕业需求人数从1992年的一百六十四万人锐减至2002年的十五万人。随着全球化的进展，工厂外流至海外，国内的简单劳动已经灰飞烟灭。产业主义社会的金字塔型的劳动市场由于转型为后产业主义社会，底部解体了，正在变为上部膨胀的楔子型或倒金字塔型的劳动市场。

针对这种变化，发达国家开始倾注于提升教育内容、奠定终身学习的博雅教育，以适应知识的高度化、复合化、流动化。可以说，芬兰的教育就是一个典型。芬兰按照法律规定，5公里以内的上学区应设立中小学，无论小学和初中都是小型学校。小学学生数约六十名左右，多数是复式班。初中同高中并设，学生数大体是一百至二百名左右。推进“项目型学习”取得了好成绩。可以说，成功的秘诀就在于，无论是复式班还是“项目型学习”都是在小型学校里、多样能力的儿童合作展开集约式的学习。

## 五、东亚型危机

正如OECD的PISA测试所显示的，发达国家无不在谋求学校教育的转型：提升教育内容的水准，重视创造性思维、批判性思维和沟通的学习，以适应21世纪的知识社会与终身学习社会。这是因为，这种改革一旦失败，那么这个国家就会沦为大量失业者的社会。

然而，只有东亚国家和地区作出了可以称之为“复古主义”的特殊应对。这里所谓的“东亚国家和地区”指的是日本、韩国、中国香港、新加坡、中国台湾、中国大陆，诸如“重视基础学力”的课题唯独在这些国家和地区盛行。由于后产业主义社会里简单劳动不复存在，以“基础学力”就业或是参与社会的机会也没有了。近年来，这些国家和地区为跨国企业战胜国际竞争而鼓吹基于竞争原理的“精英教育”。

“分层教学”的普及不是日本独有的现象，也是韩国、中国香港、新加坡常见的东亚特有的现象。新加坡为了提高“竞争”与“效率”，在小学4年级结束之际实施能力判定测验，5、6年级进行三种能力分组学程，初中也是根据小学毕业成绩来组织三种能力分组的学程。韩国在第七次课程改革(2000年)中实施“分程度的课程”,引进“阶段型课程”与“深化型或补救型课程”两种方式。“阶段型课程”是每半个学期进行一次考试以决定升级的方式。为达到水准的三成儿童在修习“特别补救课程”之后升级。“深化型或补救型课程”则在全员学习“基本课程”的基础上,分别提供两种课程——进度快的儿童修习“深化课程”,进度慢的儿童修习“补充课程”——的方式。在中国大陆,基于竞争与选拔的能力主义愈益强化,扩大了“超常教育”(精英教育)。

在欧美各国,认可“分化教育”的舆论是极其罕见的,然而东亚各国和地区近年来却热衷于实施“分化教育”。这是为什么呢?东亚各国和地区借助高水准的均等的基础教育而实现了快速的工业化,但是,如今随着全球化的进展,无论汽车产业、电气产业、信息产业等企业都跨国化了。这些跨国化的企业关注的是确保国际主导权的精英主义教育,对大量的劳动者的教育责任却置之度外。这样,在全球化的后产业主义社会里潜藏着这样一种危险,即沦为少数知识精英与众多无职业者“寄生”(parasite)的社会。必须认识到,加剧这种危险的“机械灌输”的普及与“分层教学”的狂潮,在欧美各国已被视为落后于时代的教育,但在东亚国家和地区却被奉为圭臬,这是一种十分奇特的现象。

**译注**

① “经济合作与发展组织”(OECD)在1997年启动“国际学生评估项目”(PISA),在国际普遍接受的框架内定期用学业成就来监督教育体制的结果,旨在为政策对话和教育合作提供新的基础。PISA2000年有三十二个国家(地区)参与以“阅读能力”为中心的测试;PISA2003年有四十一个国家(地区)参与以“数学能力”为中心的测试,PISA2006有五十七个国家(地区)参与以“科学素养”为中心的测试;PISA2009将有六十八个国家(地区)参与,上海已引进PISA2009测试,接轨国际标准,科学评价中小学生学业质量。PISA的目的不仅是考察学校课程的内容习得与否,而且考察成人后生活必须的重要知识与技能有多大程度的习得。PISA测试的结果表明,国家和地区之间存在广泛的差异,从而提醒有关国家和地区关注“学习机会分配的公平性”。PISA体现了如下的发展特征,因而受到国际教育界的高度关注:(1) 政策导向——根据政府制定政策的需要进行设计和报告,以提供政策借鉴;(2) 素养概念——多维度考察学生素养——即考察学生在主要学科领域运用知识和技能的能力,分析、推理和有效交流的能力以及在不同情境中解决和解释问题的能力。不仅评估学生的学科及跨学科能力,同时也评估包括情意因素在内的终身学习的态度与能力;(3) 合作典范。PISA凝聚多国教育专家的智慧,采用先进的测量方法与技术。截至2009年底有68个国家和地区参与,具有广泛的合作性和地区覆盖性,成为国际合作研究的楷模。参见OECD《面向明日世界的学习——PISA报告》上海市教育科学研究院国际学生评估项目上海研究中心译,上海教育出版社2008年版第2页;日本教育方法学会编《现代课程研究与教育方法学》,图书文化社2008年版,第69—83页。

# 39

## “分层教学”有效吗

“分层教学”批判（之二）

### 一、“分流教育”的五种类型

“分流教育”是有效的吗？学校原本是以旨在克服阶级、阶层、种族、性别的落差，实现平等的社会为其使命的。但另一方面，又借助甄别与选拔发挥着再生产阶级、阶层、种族和性别落差的功能。这种甄别与选拔在基于能力与出路实施的分化教育中更加甚嚣尘上。“分层教学”是分化教育的一种方式。

分流教育的类型五花八门。

第一种，分轨——基于学校类别化的分流教育。欧洲型的中等教育传统上就是基于学校的类别化实施分化教育的。如前所述，在现在的德国，10 岁（小学 4 年级）一结束，就实施三轨制教育：以升入大学为目的的精英教育机构文法中学，连接工业教育与实业教育的实科中学和学力低下的学生就读的基干学校。

第二种，分科——在学校中设置多样学程的分化教育，其典型就是日本的高中教育制度——普通科高中的文科与理科课程的分化，专科高中中更加细分化的课程分化。

第三种，分群——基于“分群”的分化教育。这是在一所学校中能够选择不同出路的学群的方式，美国高中广泛实施的“升学中心”、“职业中心”就是这种方式的典型。

第四种，分层——基于“分层“的分化教育。这是视学力测验得分进行分组或分班的方式。严格地说，按照学业成绩分组或分班的“分层教学”与根据智力测验的能力水准分组或分班的“能力分组”是有所区别的。基于智力测验进行分组或分班的案例是少见的，基于学力测验的结果进行分组的方式谓之“分层教学”。

第五种，分校——基于择校的分流教育。在学校的水准与学校所在地的文化水准落差大的场合，由于所上学校的不同而产生分流教育的功能。

上述五种类型的分流教育在不同国家采取了不同的组合。德国是第一种分流教育显著，第二、三、四、五分流教育薄弱的国家。美国是第一和第二种分流教育薄弱，第三、四、五种分流教育强的国家。相反，芬兰是第一、二、三、四、五种分流教育都薄弱的国家。而日本的特征，至少在几年前小学和初中几乎是没有分流教育的；由于高中的学程与类型的多样化与基于升学考试的“等级化”，第一、二、三种分流教育的功能强劲。不过近年来由于“分流教育”的推波助澜，第四种分化教育——“分层教学”也在小学和初中泛滥成灾了。

## 二、“分层教学”的效果

“分层教学”(ability grouping)是有效的吗？关于这个问题，以美国为中心在20世纪70—80年代曾经进行过广泛的调查和研究。从调查结果看，“分层教学”的有效性值得怀疑。仅有一部分调查实证“分层教学”的有效性，大部分显示了“分层教学”的无效性与危险性。“分层教学”在教育上带来的否定性效果是以往调查研究的总体性的结论。这里梳理一下美国“分层教学”的调查研究，就其有效性作一探讨。

关于“分层教学”的研究，加利福尼亚大学的奥克斯(Jeannic Oakes)概括了对“分层教学”的期待，验证了“分层教学”的教育效果。这里，以奥克斯《守护竞争——学校是如何维护不平等的》(1985年)及她的论稿为中心，梳理一下“分层教学”调查研究的概要。奥克斯一连串研究是实证性地调查“分层教学”效果的值得信赖的研究，她的专著被作为“教师必读书”受到高度评价。

(一)“分层教学”对提升学生的学力有效吗？

奥克斯说道，小学的“分层教学”有助于提升儿童学力的案例是不存在的。不过，奥克斯指出，这仅限于一部分的研究，在复式班级与不分级制借助柔性“出路指导”可以提升平均分的案例也是有的，从初中“分层教学”的调查结果看，也没有发现被分为“上位”、“中位”、“下位”的任何一个组，其成绩高于混合编组的学力成绩的案例。

不过，也有研究者对奥克斯的结论提出质疑，认为这些调查研究都是主张初中的“上位”组的效果，主张中位组和下位组的学力提升的极少。况且，主张“上位”组的有效性的调查结果，大半是对“英才教育”课程的评价，是“英才教育”推进者作出的调查研究结果。

奥克斯的结论与反奥克斯的结论似乎是对立的，但事实上并不矛盾。因为奥克斯并不否定显示“上位”组效果的调查研究的存在。不过，奥克斯说，“上位”组的效果并不是由于集中了同等能力学生的结果，而是学习诱因的高涨与课外作业多等诸多复合因素造成的效果。

综合这些结论可以明白，同一般的设想相反，“分层教学”并不有利于学生学力的提升。特别是对于“下位”学生而言，“分层教学”是危险的。

（二）对人际关系与学习态度有效吗？

奥克斯还对“上位”、“中位”、“下位”组内的人际关系与学习态度进行了调查，发现“分层教学”对于人际关系与学习态度会产生影响。初中生的场合，“上位”组学生热心于学习，但“下位”组学生显示出被孤立、被排斥的倾向。“上位”组学生不仅对学力而且对一切都拥有自信，但是否就是“分层教学”的效果尚不明了。

再者，通过“分层教学”期待“上位”组学生能够积极地参与学习的教师居多。奥克斯说，不能认为“分层教学”中的“下位”组学生比混合班学生更能积极地参与学习。以为“下位”水准的教学内容适合“下位”组的学生；或是以为周边都是“下位”的学生，所以能够安心地积极参与学习，乃是教师的偏见。

（三）学力落差缩小了吗？

通过“分层教学”学生之间的学力落差可能缩小吗？奥克斯说，所有调查结果表明，基于“分层教学”的学生之间的学力落差更加加剧了。只要稍加思考就会明白，这是理所当然的常识。

奥克斯的研究揭示出的重要一点就在于，通过“分层教学”学力落差的扩大并不是“能力”差异造成的，而是“上位”、“中位”、“下位”各组的教学内容与学习的质的差异所导致的。奥克斯报告说，在“上位”组的教学中，“科学推理与逻辑”、“研究方法”、“批判性思维”、“分析、解释与评价”、“创造性思维”、“自我思考的自信”、“多样见解的交流”、“解决问题的思考”、“资料与经验的运用”等等，使得这些学生拥有深刻理解教育内容的丰富的学习经验，而在“下位”组的教学中，重点放在了“学习纪律”、“自尊感”、“基本技能的训练”、“学习态度的训练”、“学习习惯的形成”上面，教学内容限定在低水准的基本技能的熟练上。可以说，这就导致“上位”组与“下位”组的学习经验不仅在内容上，而且在性质上有着决定性的差异。

再者，奥克斯对“上位”组与“下位”组教学中的“学习机会”与“学习环境”也作了比较，指出在“对学生提问的应答时间”“学习活动时间”“作业时间”等任何一个项目中，“上位”组实施了优越的教育。

（四）对提升整个学校的学力是一种有效的方法吗？

奥克斯的缜密的调查研究表明，“分层教学”对“上位”组的一部分学生能发挥有效的功能，但对“上位”组的众多学生、“中位”组学生而言是无益的，对“下位”组学生是有害的。不消说，这种“分层教学”对于整个学校的学力提升而言也是无益的。“分层教学”把“中位”组、“下位”组的学习压低了一个层次，扩大了学力的落差，因而抑制了整个学校的学力提升——这就是奥克斯等人的一连串调查研究的结论。

## 三、作为甄别教育的“分层教学”

奥克斯的调查研究的另一个重大的提示就是，“分层教学”是作为一种种族歧视的手段来运用的，发挥着助长种族差别的功能。“分层教学”在种族混杂的中小学中被频繁地引进，在这些学校里可以发现这样一种倾向：“上位”组是白人中产阶级、“中位”组是白人劳动阶级、“下位”组则集中了黑人和中南美人。这个事实清楚地表明了“分层教学”是一种种族歧视的手段，发挥着加剧种族差别的功能。排斥异己和种族歧视是“分层教学”的要害所在。

包括“分层教学”在内的分化教育发挥着排斥与歧视的功能，这在欧美教育界是一种常识了。正因为如此，英国等欧美国家在上世纪 60 年代至 70 年代推进了以废除分化教育为中心的教育改革。

在废除“分层教学”与“分化教育”、实施一元化的综合制中学之前的英国，其中等学校通过 11 岁儿童选拔考试，实施三轨制——文法中学、技术中学和现代中学。在小学则引进“能力分组”的分化教育。不仅英国，几乎所有欧洲国家都实施同样的教育制度。这种三轨制教育的基础就是上流阶级与中流阶级对精英教育的垄断和阶级歧视的固定化。废除三十多年来欧洲各国的三轨制教育体系、实施中等教育综合化改革的经验，显示了“分化教育”的本质在于加剧种族、阶级和阶层的歧视这样一个政治问题。

## 四、"分层教学"为什么会得到普及

在奥克斯调查研究之后,关于"分层教学"进行过数量庞大的调查研究。不过,在概括性地评论以往十年间研究的《教育心理学手册》(*Handbook of Research on Educational Psychology*)中概述道,"分层教学"的有效性实证全是失败的。可以说,颠覆奥克斯得出的"分层教学"无效性与危险性结论的调查研究,迄今为止并不存在。尽管一部分对抗奥克斯结论的研究证实了"英才教育"计划的有效性,然而,即便是"上位"组的成绩优秀者的一部分中有一部分计划被证明是有效的,但因此而牺牲了大多数的学生,并不是一件好事。

尽管"分层教学"的无效性与危险性是明明白白的,那么,为什么还会如此普及呢?虽说在美国"分层教学"已经锐减,但在小学阅读中的小组指导和高中数学选修科目中,"分层教学"仍然根深蒂固。包括日本在内的东亚国家和地区近年来"分层教学"愈演愈烈,这是一种时代错误的现象。上面已经指出,这里面潜藏着产生这种错误的根源——种族歧视、阶级与阶层歧视等政治问题。不过,"分层教学"普及的要因,不可能单纯从政治问题的角度去铲除。我们需要探讨为什么"分层教学"容易在学校教育中扎根而得到普及的问题。

其要因之一就在于,儿童、家长乃至教师大多抱有一个朴素的观念:以为与其在程度和能力不同的集团中接受教学,不如把优等生、差等生分开来施教来得有效。对优等生教授高程度的内容,对差等生教授低程度的内容,容易取得教育效果。

正如奥克斯的调查研究以及迄今为止庞大的调查研究结果所表明的,这个朴素的观念隐含着诸多的错误!不过,尽管如此,它并没有轻易地受到撼动。这是因为,这个朴素观念是由于受到每个学生基于个人受教育的体验——作为"优等生"修习业已懂得的内容因而感到无聊的体验;或是作为"差生"修习难懂的内容因而不能理解的体验——的实感而形成的。

这种朴素的实感的前提有必要加以纠正。其一,这种朴素的实感是以统一的教学为前提的。确实,只要是设定统一的教学,"分层教学"就有其一定的合理性。不过,教师站在讲台上使用黑板与教科书讲述、学生记笔记然后准备考试这一传统的课堂教学方式,如今在欧美各国已进入了博物馆。现代的教室是以课桌椅构成的小组"合作学习"作为基本方式、基于项目单元的集约性学习来展开的。而且,儿童学习价值的追求已经发生了变化:从单纯"量"的追求——如何掌握更多的知识与技能,更多地转向注重"质"的追求——如何丰富而深刻地获得真情实感的体验。为了叩问今日的"分层教学",必须基于"21世纪型的学习"来检讨其功罪。

其二,上述朴素观念中的学习是设定运算技能、单词习得之类的低水准的学习而言的。确实,就像汽车学校那样,倘若根据所定技能分阶段地排列课程,"分层教学"显然是有效的。但是,在学校教育中运算技能、单词习得不过是基本技能领域中的一部分而已。因此可以说,适应"分层教学"的教育内容不过是课程的一部分而已。

其三,任何一个班级总会有几名优等生,任何一个班级也总会有几名学习困难的学生。这种上位与下位几名学生的存在,特别是学习困难学生的存在,容易导致实施"分层教学"的一个动机。对这几名学生视而不见,听而不闻是一个问题,但是,为了这几名学生而实施"分层教学"却是极其粗暴的举措。对于特别优秀的学生和特别困难的学生,应当采取选修科目、课外活动和课外指导加以应对。以往日本中小学的课程缺乏适应每一个学生需求的课堂教学之外的英才教育和补习教育的灵活性。

## 五、是竞争还是合作

替代"分层教学"的学习方式不是基于同步教学的学习,而是每一个人的多样性得以交流的"合作学习"(collaborative learning)。批判"分层教学"的研究者都是"合作学习"或是"协作学习"(cooperative learning)的倡导者。"合作学习"或"协作学习"可以为排斥个人主义竞争、使拥有多样能力与个性的儿童共存共生、交流彼此的差异、共同学习的"互惠学习"(reciprocal learning)作好准备。

"是竞争还是合作"是长年来教育争论的一个问题。几乎所有的人都认为一旦没有了"竞争"动机,学习的积极性就会低落、有碍学习的生产性。不仅一般人是这么思考的,而且众多的教师或是众多的教育学者和教育心理学家也都认定"竞争"作为学习的动机起着决定性的作用。把"竞争"视为"学习的推动力"的思考方式渗透于学校教育的方方面面。可以说,"应试竞争"就是一个典型,基于期中考试、期末考试的评价或是常见的"发言竞争"之类也是一种"竞争文化"。

但是,所有实证性的调查研究都对"个人主义'竞争'促进学习"的这一通识,作出了颠覆性的结论。其代表性研究是1981年公布的社会心理学家戴维・约翰逊(David Johnson)和罗杰・约翰逊(Roger Johnson)进行的题为"竞争还是合作"的调查研究的追踪分析。戴维·约翰逊和罗杰·约翰逊进行了从1924年至1980年实施的题为“竞争还是合作”的一百二十二个调查研究的追踪分析，结果发现，“合作性学习”实现了优于“竞争性学习”的研究六十五件；显示相反结果的研究八件；两者在统计上未显示有意义差别的研究三十六件，说明“合作”优于“竞争”是显而易见的。再者，戴维·约翰逊和罗杰·约翰逊也进行了比较“个人学习”与“合作学习”的调查追踪分析。其结果是“合作学习”优于“个人学习，有助于提升学力的研究一百零八件，相反的六件，两者之间没有差异的四十二件，可见“合作学习”的优越性。在所有的实验情境以及在所有的年龄组中“合作学习”均优于“个人学习”，显示了高成就度。

“竞争优于合作，有助于提升生产性”这一结论，是社会心理学的创始者之一、研究集团民主化过程的勒温（K. Lewin）和勒温的弟子多伊奇（M. Deutsch）在1948年以大学生为对象进行实验所证明了的事实。戴维·约翰逊和罗杰·约翰逊是受多伊奇熏陶的研究者。

对于多伊奇、戴维·约翰逊和罗杰·约翰逊来说，“竞争优于合作，有助于提升效率”这一结论，恐怕是预料之中的结果。不过，对“竞争”与“合作”的生产性进行效果比较的诸多研究者来说，跟自己的调查和实验的结果一样感到惊异。仅从这一点我们就可以发现，在美国式个人主义的竞争社会里，“竞争”评价的神话支配着人们的心理。

不过，不管研究者的反应怎样，比较“竞争”与“合作”效果的实证研究表明了，大凡“合作”总是优于“竞争”的。约翰逊不仅把个人之间的“竞争”与“合作”进行了比较，而且在推进“合作学习”的集团之间，进行了有“竞争”与无“竞争”场合的比较，其结果也是集团之间无“竞争”的“合作学习”优于集团之间有“竞争”的“合作学习”。这些实证研究表明，无论是个人之间还是集团之间，“竞争”对学习的效率与成就只能带来负面影响。

这里饶有兴趣的是，“竞争优于合作，有助于提升生产性”这一约翰逊的调查研究的追踪分析的结果，不仅在课堂中的学习，而且在企业和工厂的作业中也是同样。美国心理学会的获奖者科恩（Alfie Kohn）的《超越竞争社会——无竞争的时代》（1986年）这一专著告诉我们，约翰逊的研究所带来的冲击是巨大的，以这个冲击为契机而推进的课堂外情境中“竞争”与“合作”的比较研究也从此而展开了。

科恩说，在课堂外的种种情境中也证明了“合作”的有效性优于“竞争”。无论在一般岗位的调查、心理学家的研究业绩、飞机驾驶员作业的完成上，都显示出“合作”优于“竞争”，有助于产生效率的结果。在竞争激烈的个人主义支配的艺术创造和媒体人士的职业领域中也报告了同样的调查结果:“合作”优于“竞争”,有助于提升效率。

戴维·约翰逊和罗杰·约翰逊的调查研究,不仅证明了课堂学习中“合作”的效果优于“竞争”。“合作学习”不仅惠及“下位”的学生和“中位”的学生,而且也惠及“上位”的学生。这也是同一般人的常识大相径庭的。这是因为,一般人没有考虑到,多样能力的学生一旦展开“合作学习”,“下位”的学生和“中位”的学生固然受益,即便“上位”的学生向“下位”的学生和“中位”的学生提供服务,也有益于自身。约翰逊研究表明,以为“合作学习”的恩惠是建筑在牺牲上位者的基础之上的认识是错误的。

40

# “综合学习”的可能性与危险性

日本第十五届中央教育审议会的第一次咨询报告作为“今后学校教育的指导方针”之一，倡导推进“跨学科的综合性学习”，设定“综合学习课时”。这个“综合学习课时”指的是信息教育、国际教育、环境教育等的课时，不实施考试的科目。不过，究竟安排多少课时，是否由学校自行裁定，是否编写教科书等等，至今尚有诸多不明之处。这里，试就现阶段能够明确的“综合学习”的可能性与危险性，作一探讨。

## 一、双重课程的实现与现实课题的学习

第一种可能性是，通过“综合学习课时”的设定，建构由“学科教学”与“综合学习”共同构成的课程。

作为探讨这种可能性的前提是必须确认如下认识：设置“综合学习”课程的意义并不是基于这样的认识——摒弃“知识”（科学、学术）中心的“学科教学”，设置以“经验”（兴趣、生活）中心的“综合学习”。一般人往往把两者二元对立地加以认识，以为“学科教学”是“知识”（科学、学术），“综合学习”是“经验”（兴趣、生活）。这是不对的。应当认识到，无论“学科教学”还是“综合学习”，都是以“知识”与“经验”来组织学习的课程。两者的差异不是“知识或者经验”，而在于“知识”与“经验”的构成方法。“学科教学”以相应的学术领域为背景来组织“知识”与“经验”，而“综合学习”是以现实的问题作为课题（主题）来建构“知识”与“经验”。“综合学习课时的可能性”就在于它有可能把每一个学科领域中被排除了的现代社会与人生的切实问题作为课程内容来组织。

大凡仅仅从“学科教学”来组织的历来的课程都是以传统精英主义教育为基础的。但是，诸如即便不谙欧几里得几何学证明的人生也不至于陷入困境，而现代学校教育中被排除、被忽略的诸多事项却是对儿童的人生和人类的未来起着决定性意义的重要问题。诸如生与死的内涵、解体的家族、性爱、差别、劳动问题、暴力、环境问题、战争责任、和平、人口问题、难民、老人福利、住宅问题、生育与教育、宗教、大众媒体、大众文化、信息化社会、国际化等等，尽管所有这些问题都是任何一个人都会直面的生存方式选择的问题，但在以往的学校教育中并没有充分地涉猎。倘若“综合学习课时”能够作为挑战这些学校教育中被排除、被忽略的问题来组织，其意义与可能性是极其大的。

## 二、主题中心的学习

第二种可能性是，在“综合学习课时”中实施的以“课题”（主题）为中心的学习有可能促进“学科教学”的改革。日本的学校课程的一大问题就是有效地传递大量的知识、把学习过程变成个人主义式的竞争来组织。这是许多人士业已指出的。尽管大多数的教师致力于摆脱这种单纯追求效率的、划一的教学与竞争性的、死记硬背的学习，但事态依然如故。

一个要因在于过剩的教育内容。另一个要因在于，虽然“主题·经验·表达”单元试图替代以往效率主义的“目标·成就·评价”单元，但其条件在学校课程之中并未准备就绪，教学模式转型的基本经验根本不足。

“综合学习课时”将为教师提供编制“主题·经验·表达”单元、并付诸实施的尝试错误的经验。设定特定的主题、设计探究该主题的多样的思路，洞察每一个学生的学习活动的内涵与发展性，并使之相互交响，其学习的结果通过种种作品——撰写报告和编辑小册子——来加以表达与分享的教学，同一味追求效率、达成特定目标并通过考试测评其结果的教学，无论在教育哲学、教育模式、教育方法上都是大相径庭的，不是轻而易举就能转型成功的。综观外国教学改造的历史可以看出，这是一个至少需要数十年乃至整整一个世纪来缓慢变革的漫长过程。一个国家的教育文化与学校文化的变革需要高瞻远瞩，需要悠长经验的积淀。

回顾日本的教育改造，虽说始终伴随着挫折和失败的体验，挑战“主题·经验·表达”的单元学习传统是千真万确地存在着的。我们期待在“综合学习课时”中形成的“主题·经验·表达”的单元学习，能够传承这种挑战，建构新的传统。

## 三、活动主义、体验主义的危险性

关于“综合学习课时”的危险性也可以略指一二。一种危险是，有可能重蹈以往经验单元和综合学习的实践所陷入的活动主义与体验主义的覆辙。这就是所谓的“实用主义”的危险，以活动本身作为目的、把体验绝对化的危险。

应当说，这种危险已经在“生活科”中得到了印证。原本是“社会科”和“理科”课时的“生活科”，尽管作为一部分“综合学习”取得了超越“社会科”和“理科”的成果，但大多是诸如《七夕》①、《秋祭》②之类以劲歌热舞的方式进行的游戏，可谓活动主义与态度主义的实践大行其道。在基本上受这种状况的支配之下，很难说能获得什么文化价值的知性经验。“综合学习课时”重蹈覆辙的可能性极大。

在这里，横亘着日本教师特有的“反知性主义”文化这样一个棘手的问题。这种“反知性主义”的传统是以“反现代”情结为基础的。不应当忽略的一点是，在这种情结的背后，其实是把教育当作“教化”来推进的明治以来的国家意识形态在作祟。不应当忘记，体验与态度的绝对化曾在法西斯主义教育中也有过一段甚嚣尘上的历史。

这种“反知性主义”也作为日本教师独特的情结表现出来了：所谓从“学科教学”（知识教育）转向“综合学习”（生活教育）是“理想”的见解；或是“学科教学是系统知识”而“综合学习是生活体验”之类的见解，等等。这些情结既没有任何的根据，也没有任何的逻辑，却成为日本众多教师的常识了。这实在是一个棘手的问题。

如前所述，把“系统性”视为“学科/学术”的基本特征的情结也是没有学术探究经验的人秉持的俗论。能够把“学科/学术”表征为“学科/学术”的，是“学科/学术”的言语结构（内容结构与形式结构），亦即称得上“学科/学术”的概念结构（内容结构）与认知方式和语调的结构（形式结构），而不是什么“系统性”。把“学科/学术”的本质视为“系统性”的教师中间渗透的俗论，无非是把“学科/学术”视为“信息的系统”，其学术观和知识观隐含着莫大的问题。理所当然的，谈论这种俗论的教师只能实现灌输式与死记硬背的教学。

不克服这种“反知性主义”的传统，“综合学习课时”不仅不能实现上述两种可能性，而且可能导致如下的结局：咨询报告倡导的领域被封杀，信息教育中的计算机教育与国际教育中的英语教育始终只能停留于体验主义与技能主义，环境教育也将陷入活动主义与态度主义。

## 四、教师的构想力与自律性的问题

另一种危险是，即便提供了“综合学习课时”，在教师方面缺乏教授的内容与追求的主题，终究不能不依赖于文部省和教科书出版公司所提供的内容。这是可以预料的。应当说，这是一种对教师有失礼仪的说法，或是一种无可奈何的现实。

虽说“综合学习”存在前述两种可能性，即便是没有提供任何“综合学习课时”，教师只要有意志力和构想力，在旧有的框架中仍然是能够实现的。所谓“受学习指导要领束缚”、“受应试教育的束缚”、“受教育内容过多的束缚”之类的困难是存在的，但是，不能认为有了这样那样的束缚，“综合学习”就不能实现了。不是那样的。教师想教给儿童的内容和儿童想探究的主题，倘若没有打破制度性束缚的教学的意志力，那是不可能实现的。事实上，尽管有这些制约，我所认识的有了想教授的内容、有了想探究的主题的教师们，已在此前的教学中进行了这样的实践。

正如第一种可能性所表明的，作为一个公民倘若能够直面社会、直面人生，而且倘若教师自身就是一个真诚的学习者，那么，任何所教授的内容和儿童所探究的主题，即便花了很多时间，儿童的学习也会兴趣盎然、如醉如痴的。作为教师应当扪心自问的是：自己是否为此作好了准备？我想，在这里横亘着“综合学习课时”所要求的教师的构想力与自律性的问题。

**译注**

① 七夕，阴历7月7日夜。系中国神话传说中天帝允许牛郎、织女一年一度相会之夜。该节日大体是由从中国传入的乞巧——7月7日夜，妇女在院子里陈设瓜果，祈祷织女星，请求她们帮助提高刺绣缝纫技巧——的民间风俗，与日本固有的织机信仰交织而成的。始于奈良时代，到江户时代已在民间广泛流行。

② 秋祭，同农作物收获有关，祈祷丰收或感恩丰收、祈望来年再丰收的一个节日，同春祭一样规模宏大。

# 41

## 高中教学研究的课题

### 一、从一段反省说起

作为一名教育研究者，还是得从反思教育学说起。近年来，尽管教育问题以初中、高中为中心，高中改革受到广泛议论，然而，不能认为，此前的教育学对于中等教育的教学产生了有意义的影响。不仅如此，许多中学教师对于教育学者的教学研究的关注仅仅视为针对小学的课堂，中学教师阅读教学研究方面的教育学文献者，是相当罕见的。在这里面，存在着不能归因于中学教师不相信教育学的问题。一般说来，教育研究者对初中和高中的教学是漠不关心的，初中和高中课堂观摩案例的探讨本身也是寥寥可数的。

提起高中的课堂教学，就想起"一名僧侣面对五百罗汉念经"的场面，一种空虚的课堂风景——教师在毫无表情的学生面前作独白式的讲授——浮现出来。幻灭于这种空虚情景的教育研究者，即便在少有的议论高中教学的场合，也是基于小学的教学研究中形成的原理与理论发表言论。可以说，以青春期的高中生为对象的高中教学的固有特征往往被忽略了。这样，尽管出版了浩如烟海的教学研究方面的教育学文献，但是针对高中教师的有说服力的教育学文献却是一片空白。

高中的教学研究处于空白状态的另一个原因是教育研究者潜意识中的犹豫和退却。高中的教学往往同特定学科密切结合，但教育学研究者一般对于各门学科的内容却是生疏的，因此，难以超越一般教学原理的领域。即便是专攻学科教育学的研究者，对于涉及高度专业的知识与复杂思维的高中教学往往表现出踌躇的倾向。

当然，空白的责任也有高中教师的一份。试观察一下高中教师可看出，他们往往体现出强烈的“内容主义”意识——以为教师对学科内容的理解是课堂教学的根本的决定性因素，却没有认识到教学论思考的重要性。由于这种内容主义在高中教师的意识中作祟，因此对于超越学科的教学研究缺乏关注。这样，基于校本研修的教学研究的推进，自然是困难的。从某种意义上说，无论教育研究者还是高中教师，同样被内容主义所禁锢了，各自表现出构成内容主义之里与表的意识与行动。

不过，尽管教师对学科内容的理解在高中教学中具有决定性意义是理所当然的，但究竟在多大程度上、如何对高中生的学习产生影响的问题，尚没有具有说服力的调查结果与研究。日常的经验告诉我们，拥有博士学位的教师的课堂教学，未必优于学士学位的教师。问题还必须深入到教师对学科内容理解的性质，以及这种理解的教育学思考的含义之中去求解。然而，以往的教育学对于教师“理解学科内容”的教学论含义，几乎是漠不关心的。在这里，就让我首先从这个问题谈起。

## 二、“构成学科的知识”与“表征学科性质的知识”

当我们说“理解学科内容”是教学的前提时，“理解学科内容”究竟意味着什么呢？这个问题很容易回答。高中教师强调的所谓“理解学科内容”——比如数学教师的场合，就是数学的公理、定理和概念的理解——指的是相应于该学科的学术知识的理解。一般所谓的“理解学科内容”的重要性，不过是一种常识性的事件——必须具备学科内容的知识是教学的前提——而已。这种内容知识可以称之为“构成学科的知识”或是“of 的知识”。

但是，学科不仅是由构成该学科的命题化的概念和原理（of 的知识）构成的，赋予该学科以特征的认知方式和表达方式也是构成该学科的重要因素。可以说，在学科教学中，相应于该学科的学术知识的陈述与论述方式的侧面，乃是本质性的要素。例如，在回答“何谓数学的问题”时，不能局限于数学的命题化的概念与原理，在数学中有数学的认知方式与论证方式。因为，这种陈述方式的固有性正是体现了数学认识的本质特征。

这样，各自的学科是在该学科的方法论之中来表现该学科特征的固有性质。这种赋予学科以固有特征的知识，可以称为“表征学科性质的知识”或是“about 的知识”。

把学科知识分为两种类型——“构成学科的知识”与“表征学科性质的知识”，绝不是新奇的尝试。早在三十年前，美国芝加哥大学生物学家兼教育学家施瓦布（J. J.

Schwab)把学科知识的结构分为“实词结构”(substantive structure)与“句法结构”(syntactic structure)。所谓“实词结构”是表示一门学科选择了哪些术语来表达其概念和原理的结构。所谓“句法结构”意味着该学科形成了怎样的探究与论述的修辞结构。“构成学科的知识”相当于施瓦布所谓的“实词结构”的知识,“表征学科性质的知识”相当于“句法结构”的知识。

可以说,以往高中教师认为重要的“学科知识内容的理解”,就是倾向于这里所说的“构成学科的知识”的理解。在这种倾向的背后,潜藏着高中教师设想的教学模式——以知识的传递与说明为基本的教学形态——的问题。因为,倘若仅仅局限于这样的——以为教就是既定知识的传递与说明的活动;以为学就是既定知识的被动习得——认识,那么,教师只要有“构成学科的知识”就足够了。只要是立足于这样的知识观和教学观,那么,在高中教师的实践领域中既没有教学论思考介入的余地,也没有这种介入的必要性。

但是,倘若并不是把教学视为既定知识的传递与说明的活动,而是认识到教学是一种以学生为主体的探究活动的过程,一种旨在触发并援助学生展开探究活动的过程,那么,情况就完全不同了。因为,参与探究过程的与其说是“构成学科的知识”(命题化的知识),不如说是“表征学科性质的知识”。当这种探究过程构成了教学的核心要素的时候,学科内容与教学论思考就必然会融合起来。这是因为,所谓“教学论思考介入学科内容”,靠的并不是命题化知识,而是靠制约该学科认知方式与表达方式的修辞性知识——“表征学科性质的知识”。

这里涉及“教学论思考”的含义。在以往教育学的教学研究中,一般是不涉及学科内容的特殊性来设定具有普适性的教学论原理,从通用性的立场来展开教学研究的。但是,我对于这种普适性的教学论原理的存在是持有疑问的。因此,我所谓的“教学论思考”,既不是指旧有的教学论的含义,也不是指普适性的教学论原理在特定学科内容中的运用。“教学论思考”意味着从教育的高度来透视、认知并构成作为学科的“句法结构”所表征的知识——陈述方式与论述方式;意味着基于学科内容的固有性所必然形成的教育的思考。也可以说,这是对知识的“句法结构”侧面的教育学认识。

基于上述的理解,教育学研究者与高中教师同样陷入“内容主义”所造成的“空白”的含义,也就不言自明了。这里所谓的“空白”,是指对于学科内容的句法侧面(理解方式、论述方式、表达方式)理解的“空白”,由此必然会派生出“教学论思考”的“空白”。这种“空白”是同高中教学的实际——使高中生沦为被动的学习者——相应的。填补这种“空白”的课题是同实现高中生的能动性、探究性活动的课题相一致的。在这里，我想提出隐含着改进高中课堂教学的一个课题。

不过，这一课题的提出并不意味着停留于“学科知识闪亮”就能求得问题的解决。当今日本高中展开的开拓性的教学实践已经超越了旨在“理解学科内容”的学习（知晓科学的学习）阶段，而正在获得新的学习（探究科学的学习）的性质——学生的探究性活动带有“真正的科学性活动”的性质。那么，这个问题该如何思考呢？

## 三、“知晓科学的学习”与“探究科学的学习”

所谓“知晓科学”(knowing science)与“探究科学”(doing science)究竟有什么差异呢？倘若进一步引申前述的见解来讨论这个问题，那么可以说，所谓“探究科学的学习”，是指构成该学科的认知与表达的叙述方式的句法结构，这是不停留于“学科内容的知识”、学生得以展开主体性探究活动的结构。以数学教育而言，所谓“数学的学习”意味着在学生的探究活动中数学特有的对话得以具体化的活动性学习。即便在这种学习中，尽管“构成学科的知识”因素是重要的，但已从“命题化的知识”置换为“生成性的知识”。而且，即便最终未能达于命题化的知识，只要在活动过程中该科学的对话的句法结构得以实现，也可以视为学习业已充分地形成了。在“探究科学的学习”中，对话是优先于知识的。

“探究科学的学习”是作为活动性、探究性学习而展开的。所以，面对的问题远比“知晓科学的学习”复杂得多。在“探究科学的学习”中介入了“主体”、“客体”、“语境”的问题；这里的“学习”，是同自我与社会关系的形成结合在一起的；是同客体的意义关联结合在一起的；是同社会语境的形成结合在一起的。这样，“探究科学的学习”从提示的内容的理解开始，转向主体的意义与关系的建构的性质，成为具有强烈的社会性格的过程。准备这种新的“学习”概念、在实践中创造这种学习的事实，正是高中课堂教学的另一个重大课题。而这种课题的解决，则要求探讨中等教育的一个基本问题，即高中教学中的学生的自我认同与课堂沟通的形成问题。

## 四、学习中的“自我探寻”与“伙伴关系”

中等教育课堂教学的一个特征，就在于课堂中展开的学习是同学生的“自我认同”

的形成的密切相关性。处于青春期的学生“学习”是怎么一回事的问题，是同他们的自我认同的形成不可分割的。对于学生而言，倾情于“学习”就是探究“自我认同”本身。反之，学生“自我认同”的危机与解体，终将归结为厌学现象。不过，以往教育学的教学研究中是把这种“自我认同”问题置之度外的。可以说，这也是高中的教学研究不如小学活跃的一个原因。

同样的问题在高中教师的实践中也表现出来。许多高中教师并没有把教学中学生的行为与认识同学生的“自我认同”的形成联系起来。对于高中教师而言，“自我认同”的形成与解体的问题是生活的问题，因此被视为同教与学无关的事件来处置的。高中教师所秉持的教育概念，被高大的墙壁切割成两个毫不相干的领域了。

然而，不少高中教师一定感受到，学生在日常课堂学习中是一边探寻学习的目的和意义，一边展开“自我探寻”的。高中生展开“自我探寻”的需求是强烈的，“自我探寻”的危机所造成的矛盾有时甚至是急风暴雨式的。可以说，当教学称得上是“教育”的过程并且得以生动活泼地展开之际，学生“自我探寻”的需求与活动便得以彰显了。

遗憾的是，试反观一下高中的课堂现实，显然存在着结构性的问题：学生“自我探寻”的需求与活动被排挤、被遮蔽了。高中的课堂传统上是以教师的独白式讲授占据支配地位的，学生被迫处于被动的角色。学生作为活动的主体而活跃的空间与时间受到了限制。这就要求展开以探究性活动为轴心的课堂教学改革。但即便这个课题实现了，还有别的结构性问题尚待解决。

高中教师不同于小学教师，通常一名高中教师需要面对二百五十名的学生。在教学中构筑“我”与“您”的人际关系是困难的。唯有俱乐部活动是构筑师生之间的人际关系的场所。加上高中的规模过大，加深了学生的孤独，相互之间的交往与亲和变得困难，这也成为诱发“自我认同”危机的一个要因。学生永远是“大家”（第三人称）中的一人，只能是“某个人”。在高中的结构中，学生不是主格化的，而是起着非人称化的作用。可以说，高中生不断地表达出来的“没有居所”的话语，以及“似乎丧失了自我”的情感，如实地反映了这样一种结构性的问题。

正因为如此，高中的课堂教学必须改造与转型：扎根于学生的“自我探寻”，发现学习的价值、通过学习去发现自我、发现相互学习的伙伴、发现能够守护并援助自己学习的向导——教师。所有这些，要求高中的教学研究能够直面活生生的每一个学生，能够描述他们成为活动性学习能手的面貌。

再者，学校与班级的问题、导入作业与小组活动的问题、师生关系改造为开放的、高尚的关系等等的课题，也应当作为教学中亟待实现的课题——学生作为主角以第一人称的身份学习的范畴——来加以探讨。改造高中教学的课题是同高中教育的结构性问题的探讨，以及把课堂转型为“自我探寻”与“伙伴关系”的场所息息相关的。

# 结语　走向“和而不同”的学习共同体

我们一直在彰显“学习共同体”这一主题，探讨新的教育实践——把造成“竞争与甄别”的权力关系转型为“共存与共生”的权力关系的教育实践。对于这种“学习共同体”的术语，以往追求民主主义教育的人们多次提出了质问。“学习共同体”与“学习集体”、“班级教育”究竟有哪些不同？在“学习共同体”中，个性处于怎样的位置？

为了回答这些问题，有必要梳理两个问题。其一，“共同体”与“集体”的不同内涵；其二，“共同体”的不同形象类型。

我提出的“学习共同体”既不是“学习集体”，也不是“班级集体的教育”的“集体”。表征为“学习共同体”的“共同体”不是地域性、血缘性的共同体，而是意味着由叙事、言词与祈愿的情结构成的富于想象力的共同体。我们的社会不仅是由契约关系和法制关系组织的“市民社会”（个人的集合体），而且是隐含着叙事、言词与祈愿的情结构成的共同体。班级是由契约关系和法制关系组织起来的一个社会。不过在它的里里外外，局部地构成了又一个由叙事、言词与祈愿的情结构成的共同体。“学习共同体”是显示共同体的人与人之间“关系”的概念，而不是像“学习集体”和“班级集体的教育”的“集体”那样，意味着一个划一的、凝固的集合。

在确认上述事实的基础上，可以从形象上区分“学习共同体”的两种类型。一种类型是，共有同样的叙事、同样的言词、同样的祈愿，实现同样的学习的共同体形象。在这种形象中每一个人的差异被消解，探求“普遍的人”构成了共同体成员的实践。在日本的中小学教育中，以往作为“共同体”意识到的，不就是这种形象吗！

另一种类型是，每一个人的差异得以交响的共同体。正如交响乐团运用不同乐器音响的交响演奏成一曲交响乐那样，每一个人的经验得以交流与交欢的共同体就是“交响式沟通”[1]，在这种“和而不同”[2]的共同体中，每一个人的自立、亲和及其多样性是一个前提。每一个人通过亲力亲为的探究，形成与自我共生的众多异质的他者的关系，从而构成了自我参与其中的共同体。

“学习共同体”的主题，我认为不是前者，而是后者的共同体形象。这种学习共同体的寻求，不应当是把一切的差异均质化、从差异化的学校体制内部进行消解的斗争。例如，“学力”评价体制把每一个人不可交换的学习经验的价值普遍化、抽象化，纳入了竞争与甄别的体制之中，从而切断了每一个人构成共同体的纽带的连结。我们应当寻求的对象并不是这种均质化、甄别化的一切权力关系。我们怀疑，即便是诉诸“普遍的人”的人类主义，不也是通过每一个人差异的抽象化与均质化，终将导致阶级的、阶层的、种族的、性别的甄别与等级化吗？

在一切“甄别”的内核之中隐含着这样一种思想，即拥有多样差异的每一个的“个人”用特定“集体”的标签加以囊括和置换的思想；同时，在一切“甄别”的内核之中隐含着这样一种思想，即把连接自己的“他者”被置换和排斥为无关系的“他者”的思想。可以说，寻求“学习共同体”的实践是一种迥然不同于“甄别教育”的实践——把抽象的“集体”置换成具体的“个人”；把无关系的“他者”置换成亲密的“他者”的实践。今后，我们应当宣示“一切的差异万岁”的宗旨，寻求把学校这一“竞争与甄别”的体制置换为“共存与共生”的共同体的方略。

**译注**

① 真木悠介在其《气流的鸣响》(筑摩书房 2003 年版)一书中以精彩的比喻——不是“同质集体”所凝集的珊瑚礁那样的共同体，而是异质的每一个人相互关联的“交响的共同体”，提示了共同体的理想模式。如果说，学习是在每一个人的差异之中形成的，那么，“学习共同体”就应当作为“交响的共同体”来建构。参见田中智志编著《走向全球学习》，东信堂 2008 年版，第 67—69 页。

② “君子和而不同，小人同而不和。”(《论语・子路》)“和而不同”追求内在的和谐统一，而不是表象的相同和一致。是和谐美妙的音乐需要种种不同的乐器各发其声、各奏其乐，才能汇成雄浑动听的交响乐。所以，佐藤学常用交响乐团的“多元声音的交响”，来表达“学习共同体”包容差异、尊重差异的“和而不同”的教育世界，而不是容不得“差异”、强求表面一致的“同而不和”的教育世界。参见佐藤学《学习的快乐——走向对话》，钟启泉译，教育科学出版社 2004 年版，第 383—385 页。

# 译后记　一部“课堂革命”的教科书

近年来，日本东京大学佐藤学（Manabu Sato）教授的名字在我国教育界有着相当高的知名度。他的诸多中译本《学习的快乐：走向对话》（钟启泉译，教育科学出版社2004年版）、《课程与教师》（钟启泉译，教育科学出版社2003年版）、《静悄悄的革命》（李季湄译，长春出版社2003年版）广为传布，博得我国广大读者的好评。译者之所以选译他的又一部力作《学校的挑战：创建学习共同体》，是因为该书系作者以日本的中小学课程改革浪潮为背景写成的。该书从理论上与实践上阐明了“课堂革命”是一场保障每一个儿童的“学习权”，真正实现“教育公平”的“宁静的革命”、“永远的革命”。我想，值此今年我国中小学“新课程改革”步入第十个年头之际，出版这个中译本有着独特的现实意义和借鉴价值。

本书原著《学校的挑战：创建学习共同体》（小学馆2006年日文版）由绪论和第一部、第二部、第三部的三十五个篇章组成。全书贯穿了一个主题：把创建“学习共同体”作为学校改革的哲学，推进新型学校的建设。这种改革哲学倡导“课堂革命”的三大中心课题：第一，以儿童“学习”为中心的课堂教学的创造；第二，教师作为教育专家得以共同成长的“同僚性”的形成；第三，家长从“参观学习”转型为“参与学习”的实现。学校的挑战意味着一连串教育概念的重建——“学习”概念的重建，“教师”概念的重建，“学校”概念的重建。佐藤学教授多年来同中小学教师一起挑战“应试教育”的旧习，旗帜鲜明地提出了诸多具有颠覆性的教育信条：

- 学校和教师的责任并不在于“上好课”。学校和教师的责任乃在于：实现每一个学生的学习权，提供学生挑战高水准学习的机会。
- 学习是同新的世界的“相遇”与“对话”，是师生基于对话的“冲刺”与“挑战”。……挑战学习的儿童是灵动的、高雅的，而且是美丽的。
- 唯有冲刺与挑战的“合作学习”，才是润泽儿童心田的课堂，才是宁静的教室里教师循循善诱的课堂。这种润泽性和缜密性正是培育孩童知性的关键要素。

- 任何一个儿童的思考与挫折都应当视为精彩的表现来加以接纳。倾听每一个儿童的困惑与沉默，正是课堂教学的立足点。所以，富于创意的教师总是全身心地直面儿童的多样性与教材的发展性的。
- 教学的创造能否成功取决于教师在多大程度上尊重教材，尊重每一个儿童，以及教师对于自身教育工作的尊重。
- 学校改革的目的是保障每一个儿童的学习权；保障每一个教师作为教育家的成长。倘若只有少数教师、少数课堂上课出色，其他课堂儿童的学习受到阻碍、其他教师的成长受到阻碍，那么，这所学校的改革绝不能得到积极的评价。唯有保障每一个儿童的尊严与学习权，尊重每一个教师的多样性并保障其个性化的成长，才能使得学校的改革脚踏实地地向前推进。

……

全书微言大义，不仅为读者提供了"课堂革命"的国际视野，而且以大量鲜活的案例展示了日本"课堂革命"的理念与经验、要诀与技术。同时，也描述了作为一名教育学者与中小学教师展开合作研究的充满挑战的心路历程。日本学校富于创意的挑战，是教育研究与哲学思考的丰润的思想宝库，也是启迪我们发现和实现新的教育创造的一份确凿无疑的实证依据。

译者征得作者本人的同意，补充了他近年来发表的散见于报纸杂志的数篇教育评论，作为"附录"和"结语"译出，移译时各篇标题和内容均未作改动。这些篇章所梳理的教育概念，有的牵涉学校改革实践中具有普遍性的基本概念，诸如"基础学力"、"综合学习"、"教学论思考"、"学习共同体"等，是本书案例报告中涉及的深层次的问题；有的则是落后于时代的诸如"分层教学"之类的观念，是我国课程与教学的实践中至今纠缠不清的问题。本书有声有色而又言简意赅地为"课堂革命"提供了理论支撑与鲜活经验，堪称一部"课堂革命"的教科书。相信书中阐述的内容一定会引发我国教育界广大读者的共鸣与反思。

佐藤学教授在为本书撰写的《中文版序》中说："危机的时代也是变革的时代。"确实，中日两国尽管社会制度不同、意识形态迥异，但都同样凸现了"东亚型教育"的体质及其病症，同样面临"全球化"时代带来的学校教育的危机。作为数十年来的良知益友，我们彼此都关注着对方国家的教育变革，特别是中小学课程与教学的进展。我们越来越清醒地认识到：学校教育的变革是从日常的课堂教学实践开始的。学校的变革倘若离开了课程变革和课堂变革，只会是一句空话。学校教育是保守势力盘根错节的领域，任何改革的进展都不可能是轻而易举地一蹴而就的。然而，时代在前进，社会在转型。我国的中小学教师终究要挣脱“工匠型”教师的羁绊，走向“反思型”教育家的成长；我国的学校教育终究要伴随着时代发展的步伐，确立起有别于“应试教育”的“素质教育”的世界。可以说，《学校的挑战》倡导的“学习共同体”的教育愿景及其改革哲学，是有助于我们解读这个崭新的教育世界的。

钟启泉

2010 年 5 月 28 日

# 钟启泉教授部分著作

教育的挑战
Educational Challenge

Curriculum Logic
课程的逻辑

对话教育
国际视野与本土行动
Conversation On Education
钟启泉/编著
华东师范大学出版社

国际
普通高中
基础学科解析
钟启泉 主编

《教育参考》精选
反思中国教育
FANSI ZHONGGUO JIAOYU
钟启泉 吴国平 主编
华东师范大学出版社

课程与教学论
钟启泉 汪霞 王文静◎编著
Curriculum and Instruction Theory

课程与教学研究新视点丛书·钟启泉主编

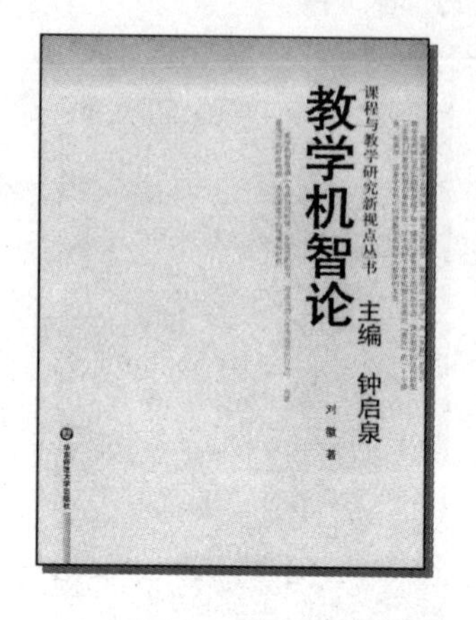


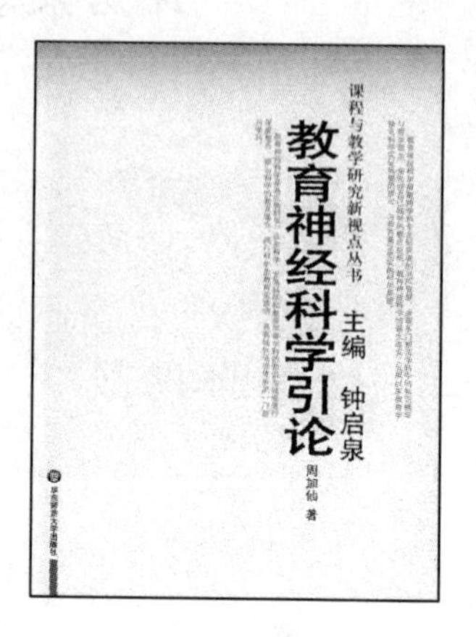

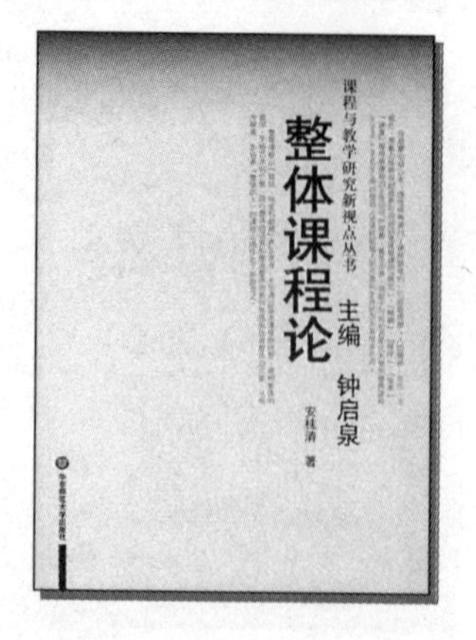

**图书在版编目(CIP)数据**

学校的挑战：创建学习共同体/(日)佐藤学著；钟启泉译. —上海：华东师范大学出版社，2010.7
(创智学习)
ISBN 978-7-5617-7940-8

Ⅰ.①学… Ⅱ.①佐…②钟… Ⅲ.①高等学校—教育改革—经验—日本 Ⅳ.①G649.313.1

中国版本图书馆 CIP 数据核字(2010)第 130618 号

**学校的挑战：创建学习共同体**

撰　　著　佐藤学
翻　　译　钟启泉
责任编辑　彭呈军
审读编辑　梁晓兰
责任校对　邱红穗
装帧设计　卢晓红

出版发行　华东师范大学出版社
社　　址　上海市中山北路 3663 号　邮编 200062
网　　址　www.ecnupress.com.cn
电　　话　021-60821666　行政传真 021-62572105
客服电话　021-62865537　门市(邮购)电话 021-62869887
地　　址　上海市中山北路 3663 号华东师范大学校内先锋路口
网　　店　http://hdsdcbs.tmall.com

印 刷 者　上海商务联西印刷有限公司
开　　本　787×1092　16 开
印　　张　14.5
字　　数　221 千字
版　　次　2010 年 8 月第 1 版
印　　次　2016 年 8 月第 14 次
印　　数　75601—81700
书　　号　ISBN 978-7-5617-7940-8/G·4641
定　　价　29.80 元

出版人　王　焰